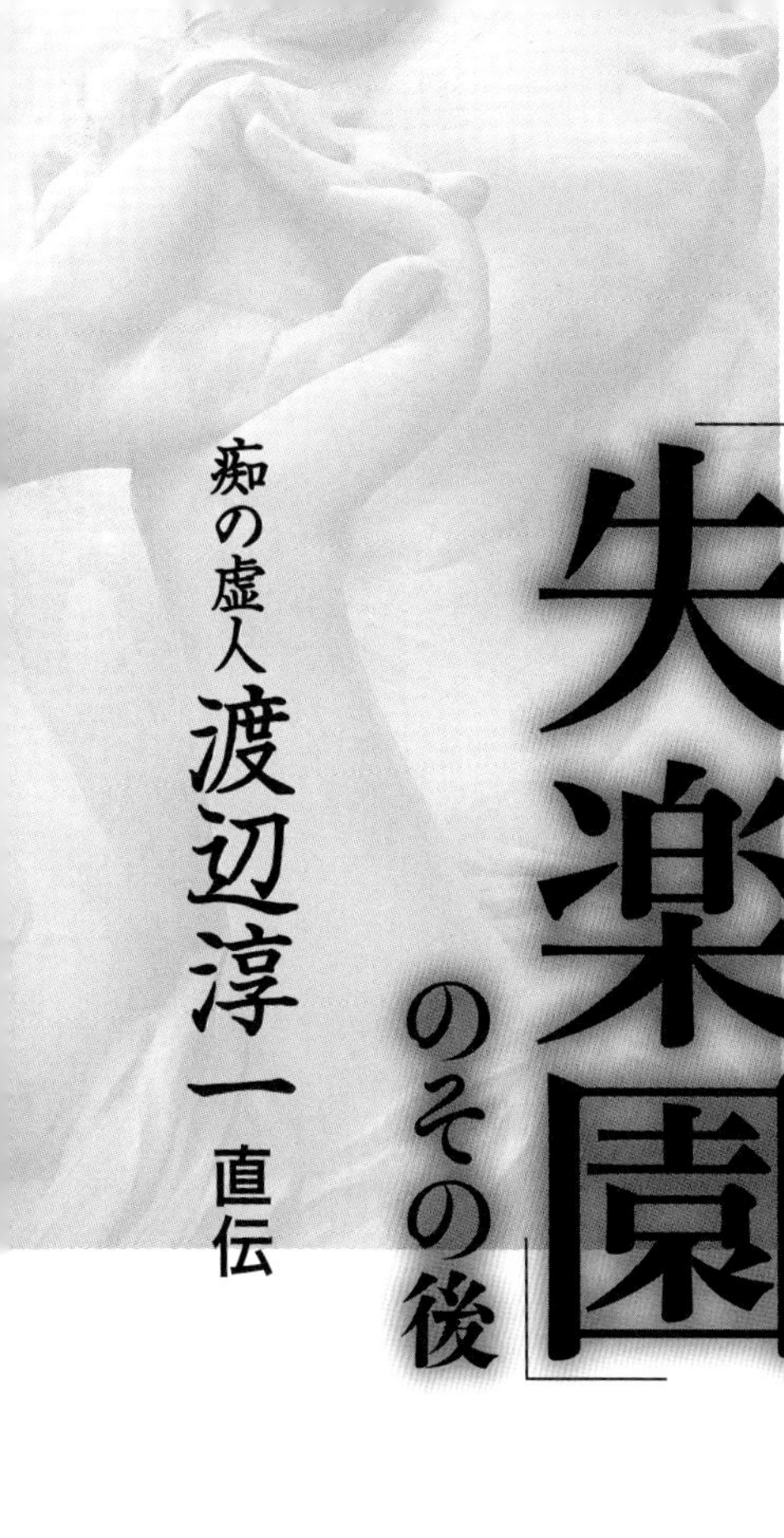

大川隆法

Ryuho Okawa

「失楽園」のその後

痴の虚人 渡辺淳一 直伝

本霊言は、2014 年 5 月 11 日、幸福の科学総合本部にて、
質問者との対話形式で公開収録された（写真上・下）。

まえがき

それは突然にやって来た。ある意味で、来るべくして来たと言ってもよかろう。本年の四月三十日に亡くなられて十日余りで私のところにやって来た。生前に面識があったわけではないが、宗教の伝統的価値観とは対立し、説得する気持ちを持ち続けておられたに違いない。

渡辺淳一氏は、作家としては有名で、様々な文学賞や勲章まで手に入れられた方である。小説『失楽園』は、二百五十万部以上の売れ行きだったといわれており、その映画化も社会にかなりのインパクトを与えたのは事実だ。

私は「まえがき」で本書の結論を書くほど野暮《やぼ》ではない。本書で渡辺氏は独特の

「性愛哲学」を展開しておられる。これに対して、私の教えを受けている編集局系の三人の宗教人が論戦を挑《いど》んでいる。価値観を巡ってのある種のディベイトであることは間違いない。どちらに強く魅《ひ》かれるかで、あなたにとっての死後の「失楽園」を悟る方もいるだろう。

二〇一四年　五月十三日

幸福《こうふく》の科学《かがく》グループ創始者兼総裁《そうししゃけんそうさい》　大川隆法《おおかわりゅうほう》

「失楽園」のその後　目次

「失楽園」のその後

――痴《ち》の虚人《きょじん》　渡辺淳一直伝《じきでん》――

二〇一四年五月十一日　収録
東京都・幸福の科学総合本部にて

6

抜きがたい「異性へのこだわり」

9　渡辺淳一の霊言を終えて

あとがき　200

「霊言現象《れいげんげんしょう》」とは、あの世の霊存在の言葉を語り下ろす現象のことをいう。これは高度な悟《さと》りを開いた者に特有のものであり、「霊媒現象《れいばいげんしょう》」（トランス状態になって意識を失い、霊が一方的にしゃべる現象）とは異なる。

なお、「霊言」は、あくまでも霊人の意見であり、幸福の科学グループとしての見解と矛盾《むじゅん》する内容を含《ふく》む場合がある点、付記しておきたい。

「失楽園」のその後

――痴《ち》の虚人《きょじん》　渡辺淳一直伝《じきでん》――

二〇一四年五月十一日　収録

東京都・幸福の科学総合本部にて

渡辺淳一《わたなべじゅんいち》（一九三三～二〇一四）

小説家。北海道生まれ。札幌医科大学卒業後、整形外科医をしつつ、小説を執《しっ》筆《ぴつ》する。三十七歳のとき、『光と影』で直木賞を受賞して執筆活動に専念。初めは医学小説・伝記小説を書いていたが、やがて性愛小説を書くようになり、特に、不倫《ふりん》をテーマにした『失楽園』は映画化やドラマ化され、社会現象を巻き起こした。二〇〇三年、紫綬褒章《しじゅほうしょう》を受章。〇七年に発表したエッセイ『鈍感力《どんかんりょく》』は、そのタイトルが流行語にもなった。一四年、前立腺《ぜんりつせん》ガンのため死去。

質問者　※質問順

綾織次郎《あやおりじろう》（幸福の科学上級理事兼《けん》「ザ・リバティ」編集長兼幸福の科学大学講師※）

高間智生《たかまともお》（「ザ・リバティ」編集部等を経て、幸福の科学広報局部長）

吉川枝里《よしかわえり》（幸福の科学第五編集局長）

［役職は収録時点のもの］

※幸福の科学大学（仮称）は、2015年開学に向けて設置認可申請中につき、大学の役職については就任予定のものです。

1　霊言を依頼《いらい》してきた渡辺淳一の霊

「私の愛読者が待ち構えている」と、言葉巧《たく》みに霊言を求める渡辺氏

大川隆法　四月三十日に、小説家の渡辺淳一さんが亡くなられました。少し伏《ふ》せていたのかもしれませんが、五月の連休の終わり頃《ごろ》に発表されたようです。

私は、連休の終わりに、数万人以上の規模の大きなセミナーを予定していたため、その日の朝、新聞が全部隠《かく》されたのです（注。五月六日、東京正心館《しょうしんかん》にて法話「壁《かべ》を破る力」を行った）。

「あれ？　変だな」と思いました。家内が新聞を全部隠して、読ませてくれないのです。「おかしいな」と思いましたが、一応、訊《き》かずに黙《だま》ってはいました。おそらく、この人の写真が紙面にたくさん出回っていたのでしょう。「それを見ると、渡辺さん

の霊と同通《どうつう》する」ということで、危険を察知《さっち》して、新聞を全部隠したわけです。

ただ、そのあと、セミナーが終わったので、油断していました。注文して取り寄せた週刊誌に追悼《ついとう》集か何かが載《の》っていて、昨日の夜、それを見てしまったのです。「あ！」と思っていたら、今朝《けさ》、渡辺さんの霊がお出《い》でになりました。朝、「うん？　何かいるな」と思って調べてみたら、お出でになっていて、そのあと、少し問答したのです。

私のほうは、「特に、当会のほうで霊言をお出しするほどには、情報を持っていないし、関心もずっと持っていないので、少し無理かもしれません」と、ややネガティブな意見を申し上げたのですが、渡辺さんの霊は、なかなかインテリで、言葉も巧《たく》みで、説得術に長《た》けておられる方であり、見事に説得されてしまいました。

今日、日曜日に、みなさん（聴聞者《ちょうもんしゃ》のこと）に総合本部にお出でいただくのは大変恐縮《きょうしゅく》に思ったのですが、渡辺さんの霊は、「今週の土曜日、浜名湖《はまなこ》で、イエスの愛についての話をするんだよね？　私が指導霊でもいいかな？」と言うのです（注。五月十七日、中部正心館にて法話「愛が時代を動かす」を行った）。

「それは少し困ります」と答えると、「そうだろ？　では、早めに（霊言を）やっておいたほうがいいねえ。早めにやっておいたほうが成仏《じょうぶつ》しやすいから、早めに終わらせておいてくれないかねえ」と言っていました。こう言われたら、もう、しょうがないではないですか（笑）。

確かに、今週いっぱい引っ張るわけにはいきません。説法の前日まで、渡辺さんの霊にずっと頑張られると、私のほうは大変なので、なかなか説得がうまいです。

それから、「君らは今お布施《ふせ》が欲しいんだろう？　同じ信者からたくさん取ってはいけないんだろう？　私の読者は、君らの本をあまり読んでいないかもしれないから、まだまだ新しいマーケットが開けている。数百万人の私の愛読者が待ち構えているんだ。みんな、『死んだのなら、霊言が出てもいいんじゃないか』と思っているに違いない。ぜひ、やったほうがいい」と言っていました。なかなか説得が上手《じょうず》です。

そして、「偏見《へんけん》を持って言ってくるようだけれども、君ら、『小説で殺人事件を書いたらいけない』と言うか？ 『映画で殺人事件をやったらいけない』と言うか？ それは殺人事件を奨励《しょうれい》しているわけではなく、小説や映画で『こうなった』というのを読んだり観《み》たりして、人が『ああしたら、こうなるんだ』と思って、思い止《とど》まったりするような抑止《よくし》効果があるんだ。私の小説も、そういう教育効果があって出ているのであって、簡単に、単純に『悪だ』と決めつけてはいけない。文学とは、そういうものなのだ」というようなことを、上手に説得してくるのです。なかなか頭のいい人だなと思います。

当会としても、霊界描写《びょうしゃ》やあの世の事情について、いろいろな調査がまだ足りていない部分もあるので、少し違ったタイプの人の意見を聴《き》いてもよいかと思います。どんな感じなのか。どんな人がいるのか。どんな世界なのか。それから、価値観についての話等も多少聴いてもよいでしょう。ニーズはあるかもしれないと思います。

さらに、上手な球《たま》も投げ込んできて、「もし俺《おれ》が『ムハンマド（マホメット）と同じプールで泳いでいる』と言ったら、どうするんだ？」と言うのです。ここまで釣《つ》ってくるのです。「なるほど、そこまで来るか」と思いました。「ムハンマドや親鸞《しんらん》と仲間だったら、どうする？」と、こう来たのです。確かに、宗教的には関心のあるあたりではあります。

また、「性同一性障害や同性同士の結婚が流行《はや》ってきているが、これだって、どうかという問題があるでしょう？ 倫理《りんり》基準についても、どこまでよくて、どこからいけないか、聴きたくないか？ これは宗教的にも関係があるじゃないか」というようなことを、言葉巧みにいろいろと言われると、私のほうも、「うーん、やらざるをえないのかな」という感じになってきたのです。そこで、申し訳ないのですが、日曜日、みなさんに招集《しょうしゅう》がかかりました。

なお、「教祖殿《きょうそでん》のほうでは、残留《ざんりゅう》があるといけない」ということで、こちらに（霊を）置いていくつもりで、総合本部での収録になりました。「大勢の人で、スパイダーマンの蜘蛛《くも》の糸のように引っ張っていけば、念縛《ねんしば》りできるのではないか」という趣旨《しゅし》です。

そうとう言葉が巧みなので、質問者には頑張ってもらわないといけないでしょう。

ただ、先入観を持ちすぎてもいけないかと思います。

三島由紀夫さんは、市ヶ谷の自衛隊の駐屯地《ちゅうとんち》で、「割《かっ》腹《ぷく》自殺をし、首を斬《き》り落とされる」という凄惨《せいさん》な最《さい》期《ご》を遂《と》げたため、私のほうは、宗教をやり始めてから、少し遠慮《えんりょ》していたところがありました。噂《うわさ》で、「三島由紀夫の霊が、別の霊能者のところに出て、自動書記で、絵を描《か》いたり文章を書いたりしている」と聞き、それを見たことがありますが、「ちょっと迷っているのかな」と思われ、怖がっていたところがあったのです。

ところが、招霊《しょうれい》してみたら、意外に高天原《たかまがはら》（日本神道の天上世界）から来て、すんなりしていたところもあったので、やってみないと分からないところはあります。

また、おそらく、違った趣旨の考え方や視点は得られると思います。

頭がいい人のような感じはします。創作力があるので、言葉をつくり出していく力もかなりあるような気がします。

『天才作家 三島由紀夫の描く死後の世界』
（幸福の科学出版刊）

作家・渡辺淳一の霊を招霊《しょうれい》する

大川隆法　質問者には、女性を一人は出してほしいと思ったのですが、エリツィン（吉川のあだ名）で対抗《たいこう》できるかどうか（笑）。

（吉川に）編集者としては責任がある？　こんな作家に執筆《しっぴつ》を頼むとしたら、無理難題を言われても頑張る？

吉川　そ、そうですねえ……。

大川隆法　女性の質問者を誰にしようか、少し迷ったのです。一撃《いちげき》で倒《たお》されたら困るのですが、こういう人が相手だと、たいていは逃げるでしょう。朝、（問答の）相手をした女性二人は、「これはたまりません」ということで、すぐに逃げましたからね。

この人は、直木賞や吉川英治《よしかわえいじ》文学賞、それから、二〇〇三年には紫綬褒章《しじゅほうしょう》まで頂いているので、この世的には偉《えら》い人なのだろうと思いますし、愛読者も、おそらく多いでしょう。『失楽園』は、二百五十万部以上も売れて、映画でも有名になりましたし、テレビドラマにもなりました。その頃は不況期《ふきょうき》だったので、角川などは、これでさぞかし景気回復したことだと思います。

まあ、どんな感じでしょうか。いってみますか。

思ったよりも長寿《ちょうじゅ》で、八十歳まで生きられて、作家としての生命は、最後まで尽《つ》きなかった部分はあったかなと、私のほうは見ています。意外に全《まっと》うされたようには思っています。

私は、彼の作品は大して読んでいません。（高間を指して）作品をほとんど読んでいるという、ミスターＮＨＫ（笑）に対抗できるほどの内容は、私にはないかもしれません（注。高間は以前ＮＨＫに勤めていた）。読んでいる一部のものは、どうせ、秘書がどこかの倉庫に片づけていて、蜘蛛の巣が張っている状態だろうと思われます。

激しい不倫愛を描いた『失楽園』は、映画化（1997年5月公開）され、大ヒットした。

愛読書にはなっていないので、大した議論はできませんが、亡くなって間もない人なので、人間性がかなり残った部分での議論になるかと思います。

当会としては、宗教的に参考になるようなことが得られればよいでしょう。また、彼が言っているとおり、「（渡辺淳一が）死んだら、幸福の科学の霊言に出なければ嘘だ」という考えを持っている人もいるかもしれず、霊言を出せば、「やはり出たか」と思うような人もいるでしょうから、両方の面からも考えて、やってみようと思います。

けっこうしゃべる感じがしたので、かなり手強《てごわ》いかもしれませんし、折伏《しゃくぶく》できない可能性も高いです。のらりと逃げてしまわれる可能性は高いと思いますが、何か参考になることでもあれば、まあ、よいかと思います。

それでは、いきます。

（合掌《がっしょう》する）

まだ亡くなられて十日余りですが、作家の渡辺淳一さんを幸福の科学総合本部にお呼びして、亡くなられて十一日目の感想といいますか、生前の考えから、亡くなられてからあと、今どのように感じておられるのか、そのようなことについて、いろいろと訊いてみたいと思います。

そして、私たちも、「宗教観や価値観について、あるいは、この世の世相に対する見方について、何か考え方を修正したり、考え直したりする必要があるかどうか」についての点検を入れてみたいと思っております。

渡辺淳一氏、作家・渡辺淳一氏の霊よ。どうか、幸福の科学総合本部に降りたまいて、そのご本心を語りたまえ。

渡辺淳一氏の霊よ。幸福の科学総合本部に降りたまいて、そのご本心を明かしたまえ。

（約二秒間の沈黙《ちんもく》）

2　死後十一日経《た》っての様子

いきなり酒と女を要求

渡辺淳一　（右肩をぐるぐる回す）

綾織　こんにちは。

渡辺淳一　ああ、「こんなとこでやりたい」って言った覚《おぼ》えはないんだがなあ。

綾織　ご自身からいらっしゃったので、場所についてはこちらで指定させていただければと思います。

渡辺淳一　場所は、ちゃんとアレンジしなきゃいけないんじゃない？

綾織　ええ。ちゃんとアレンジさせていただいています。

渡辺淳一　いや、アレンジっていうのは、こういう……。

綾織　聴衆《ちょうしゅう》がたくさんいますので。

渡辺淳一　アレンジっていうのは、こういうところじゃないでしょ、あなた？　アレンジっていうのは、やっぱ……。

綾織　どういう所ですか。

渡辺淳一　酒と肴《さかな》があって、女らしい女が侍《はべ》ってるとこが、アレンジっていう。

綾織　女性は、一名おります。

渡辺淳一　どこに。うん？　うん？　うん？

綾織　（吉川を指して）このへんに。

吉川　（手を挙《あ》げて）こちらにいます（笑）。

渡辺淳一　（祭壇《さいだん》の花を指して）あの花は美しいなあ。あの花は美しい。うん。

綾織　まだ若干《じゃっかん》、日が高い時間ですので。

渡辺淳一　ああ、そうだね。日中から、そういういやらしい話はやめよう。哲学談義《てつがくだんぎ》からいこう。

綾織　分かりました。

渡辺淳一　うんうん。

綾織　かなりクリアな言葉をお話しされていますが。

渡辺淳一　そうなんだよ。やっぱ〝悟《さと》った〟人間っていうのは、死んでもすぐにシャキッとしてるんだな。

綾織　はあ、なるほど。

では、この十日余りは、どのように過ごされていましたか。

渡辺淳一　まあ、挨拶《あいさつ》回りかな。忙《いそが》しかったでな。うーん。

綾織　どういう所に行かれましたか。

渡辺淳一　それは、主だった出版社や出版関係者、作家仲間、親類縁者《えんじゃ》、映画でお世話になった方、それから、遊び友達、その他だな。まあ、いろんなご縁のある方々に、折り目正しく挨拶をして回ってると、十日ぐらいあっという間だよな。

そして、「ああ、そうだ！　大川隆法さんを忘れてた！　ここに一言挨拶しなきゃいけない」と、やっぱりこう思ったね。まあ、彼は知りませんが、私はねえ、「ライバルだ」と思っていましたからね。

綾織　ああ、そうですか。

渡辺淳一　いやあ、そりゃ、作家としての格は、グーッと私のほうが上だろうとは思いますけれども、ただ、多産《たさん》という意味では、やっぱり「すごいなあ」と思いましたね。多産の女神みたいな人だったよねえ。

そういう意味では、すごく注目はしてましたよ。私、宗教は嫌《きら》いなんじゃないんですよ。注目してたんですよ。

「悟《さと》っている」「与える愛の一方だった」と豪語《ごうご》

綾織　なるほど……。ご自身は、今、霊でいらっしゃるわけですが。

渡辺淳一　そのとおりですよ！

綾織　その認識を持たれているのですか。

渡辺淳一　〝悟《さと》って〟ますから、ここに来たわけですよ。悟ってなかったら、入れないでしょ。こんな尊《とうと》い本部には？

綾織　いろいろな霊が来る場合がありますので……。

渡辺淳一　そうなの？　君ねえ、お世辞ぐらい言ったらどうなの？

綾織　ええ、必要なときには言いたいと思いますけれども。

渡辺淳一　うーん。

綾織　では、「自分は死んで、霊になった」という認識は、しっかりと持たれているわけですね？

渡辺淳一　そりゃあ、そうだよ。もう、ちゃんと百パーセント悟りを持ってたから、生前から。

私は、世の中を啓蒙《けいもう》する活動に、一途《いちず》に一生を捧《ささ》げた人間だからね。

高間　その悟りを一言で言うと、何になるんでしょうか。

渡辺淳一　やっぱ、「愛」だね。

高間　愛ですか。

渡辺淳一　まず、愛の教えをとれ。大川隆法さんの教えとそっくりだよ。愛を！　愛を！　愛を！

高間　愛にも「与える愛」と「奪《うば》う愛」とがあります。

渡辺淳一　そのとおりだよ。与える愛。

高間　与える愛ですか。

渡辺淳一　もう、私は与え続けたの。ホースで水を撒《ま》くように、消防車で火を消すように、与える愛の一方だったね。

綾織　あなたの言う愛は、宗教的な愛のことだと理解していいのでしょうか。

渡辺淳一　いや、この世的にも愛を与えたね。

だから、整形外科医であって、やっぱ、「美しい顔をつくって女性を幸福にしたい」っていう願望は、もうほんとに、衝動的《しょうどうてき》なものがあったね。

綾織　美しい女性の顔を求めていた？

渡辺淳一　「美しくしてやって、幸福にしてあげたい」って。だから、えりちん（吉川のこと）を見たら、「ここをこう直せば、こういうふうになる」っていうふうに、描けちゃうんだよなあ。ほんとなあ。

吉川　（苦笑）ありがとうございます。

渡辺淳一　ねえ、ちょっと、うちの病院でやらないかい？

吉川　遠慮《えんりょ》させていただきます。

渡辺淳一　ちょちょちょちょちょっと、……こうね。少しいじると、この人、なかなかいい感じになる。

吉川　恐《おそ》れ入《い》ります。

今、混浴の温泉にいるような感じ

吉川　亡くなったら、肉体の姿形《すがたかたち》というものはなくなると思うのですが。

渡辺淳一　いや、ありますよ。もう、立派なもんですよ。あって、あって、あって。

吉川　では、ご自身は今、どのような姿形になられているのですか。

渡辺淳一　うーん、まあ、流行《はや》りの「テルマエ・ロマエ」の感じだね。あんな感じかな。

綾織　主人公の男性のような姿ですか。

渡辺淳一　まあ、ローマ風のね。ええ。

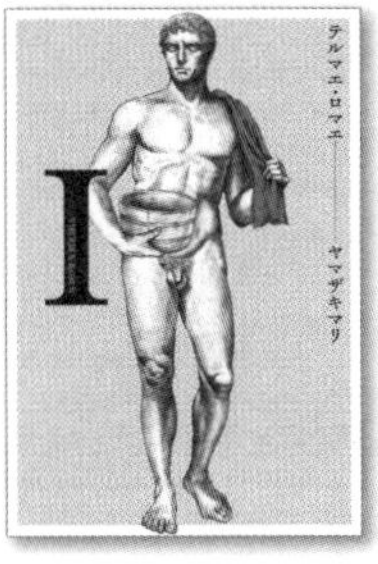

『テルマエ・ロマエ』は古代ローマと日本の風呂をテーマにした漫画作品。映画化、アニメ化され、本収録時には、映画「テルマエ・ロマエⅡ」が公開されていた。

吉川　筋肉隆々《きんにくりゅうりゅう》で？

渡辺淳一　ええ。温泉場《おんせんば》で、気持ちよく、「ああ、ええ感じやなあ」と、まあ、こんな感じだね。混浴ですけど、一応。

綾織　今、霊という認識を持たれているということは、生前から、あの世を信じていらっしゃったんですか。

渡辺淳一　もちろんですよ。君たちの言ってることは真理であることぐらい、もう私は一発で分かりましたよ。

綾織　その割には行動があまり伴《ともな》っていないようにも見えたのですが。

古代ローマの公衆浴場の内部の様子。

渡辺淳一　そっくりじゃないですか。何が違うんですか。

3 『失楽園』を書いたのは啓蒙《けいもう》のため？

小説には、生きていくための知恵《ちえ》を書いたのか

綾織　どういうところが「そっくり」なんですか。

渡辺淳一　君たちはユートピアづくりをしてたんでしょ？　私も〝ユートピア〟づくりをやってた。一緒じゃないですか。

綾織　どういうユートピアですか。

渡辺淳一　だから、ユートピアから落ちないように、「失楽園」にならないように、一生懸命《いっしょうけんめい》、世の中を啓蒙《けいもう》し、啓発し、警告してたの。

綾織　『失楽園』に描かれているようなことは、やってはいけないと？

渡辺淳一　そうそう。「そういうヘマをしないように」ということを常に……。

綾織　ヘマをしない？

渡辺淳一　やっぱり「人生には知恵《ちえ》が大事だ」と。「生きていく知恵が大事で、知恵のない人間は、こんなヘマな死に方をする」と。「こういう無様《ぶざま》なサラリーマンが多いから気をつけるように」と。

綾織　ほう。

渡辺淳一　もっともっと、その処方箋《しょほうせん》をいっぱい書いてだね、生きていく術《じゅつ》を教えなければ……。君たちの本を読んでるだけでは、失楽園に陥《おちい》る可能性がかなり高い。

綾織　そうならないように、生きていく術を……。

渡辺淳一　やっぱ小説を読んで知恵をつけないと駄目《だめ》だ。

綾織　〝生きていく術〟とは何ですか？　その部分はほとんど書かれていませんよね？

渡辺淳一　生きていく術はですね、「人間っていうのは、基本的に複雑怪奇《かいき》なもんだ」ということを、やっぱり受け入れることですよ。

単純じゃないんだ。複雑怪奇なものなの。

そういうことさえ、男女ともお互い認識しておればだねえ、世の中の、いざこざや争いはなくなるんだよ。

綾織　どのようになくなるのですか。

渡辺淳一　お互い、許し合う気持ちになるわけだよ。

綾織　許し合ったら？

渡辺淳一　許し合って、「神様から来た教えだとか、人間がつくった法律だとか、そういうものはつまらないもんで、それは形式的に、外向けに看板が出てるだけで、なかに入ったら違うんだ」ということを、やはり、知る。人間の複雑さを知ることが大事なの。

綾織　神様から来ている教えとか、法律とは、特に関係ないと？

渡辺淳一　それは表面上だからね。

綾織　表面上のものだと？

渡辺淳一　学校の教科書に当たる部分で、週刊誌で同じことが書いてあったら売れませんよね。週刊誌は、人生の〝知恵〟の結集みたいなもんだからね。

混浴の風呂《ふろ》が、幸福のもと？

綾織　神様の教えや法律は、表面上のものだとして、では、何を求めているのですか？

渡辺淳一　私の小説なんか、まじめな日経新聞に連載《れんさい》されて、ほんと、全国のビジネスマンたちを啓蒙し続けた。

「君たち、職を失うことなかれ」と、「君死にたもうことなかれ」と、ずーっと啓蒙してたんだ。

綾織　それで、「何を求めていくべきだ」と啓蒙されたのですか。

渡辺淳一　やっぱ、この世の〝ユートピア〟の実現だよね。

綾織　どういうユートピアですか。

渡辺淳一　ユートピアっていうのは……やっぱり、ユートピアの「ユ」は、お湯の「湯」を書くんだよ。

綾織　それはやはり、混浴なんですね？

渡辺淳一　ああ、そうなんだよね。「湯ートピア」を求めなきゃいけない。

綾織　はい、はい……。

渡辺淳一　やっぱり、この世で、いかに幸福に生きるかが、あの世の幸福を決めるんだよ。

綾織　つまり、「そういう、お風呂の世界がユートピアで、そこに行きましょう」ということですか。

渡辺淳一　うーん、まあ、〝テルマエ〟が、やっぱり幸福のもとだね。

綾織　漫画のテルマエは混浴ではなかったですが。

渡辺淳一　いやあ、そんなことはないよ。混浴もいいよ。

綾織　あなたにとっては、いいのかもしれませんが。

渡辺淳一　「男女別々」なんて、いったい誰がねえ……。そういう、ケチくさい神様、信じちゃいけないね。やっぱり、神様は寛容《かんよう》でなきゃいけない。

綾織　そこが、〝ユートピア〟なわけですね？

渡辺淳一　うん、男も女も差はないんだよ。「男女平等」なんだよ。だから、混浴なんだよ。

「不倫《ふりん》は悪いこと」だと思っていない

吉川　「人々が失敗しないように小説を書いた」ということですが。

渡辺淳一　そうなんだよな。

吉川　ということは、ご自身では、「不倫《ふりん》は悪いこと」という認識はあるわけですか。

渡辺淳一　「不倫」っていう考え自体が間違ってるのよ。
不倫なんていうもの、ないんです、この世には。
それはねえ、「人間が勝手に決めたルール」で、学級委員会で決めた、〝クラスのルール〟にしか過ぎないんですよ。

綾織　いや、人間も決めていますし、神様も決めていると思います。

渡辺淳一　人間、そういう古いものにとらわれてはいけないんですよ。あなたがたの政党（幸福実現党）が言ってるとおりなんですよ。〝自由の創設〟なんですよ。それこそが大事なんですよ。自由を創設しなきゃいけない、この世に。
やっぱ、不自由が多すぎる。規制が多すぎる。規制緩和《かんわ》！　これが、人間を活性化させ、社会を活性化させる方法なんですよ。

綾織　自由といっても、やはり、国に対する責任とか、社会に対する責任とか、そういうものが伴《ともな》います。

渡辺淳一　いや、責任はありますよ。整形外科医として、美人にする責任とか、やっぱ、ありましたよ。ブスにして、金を取ったりしたら、それはもう許されないことですから。美しくしなきゃいけない。

綾織　それと自由の創設は関係ありません。

渡辺淳一　自由の創設ですよ。顔をいくらでも変形させる。これが韓国の〝自由〟でしょ？　今。

綾織　（苦笑）

渡辺淳一　あなたがたは後《おく》れてるんですよ。韓国は、自分たちのほうが進んでるから、君たちを軽蔑《けいべつ》してバカにしてるんですよ。「私たちは顔まで変えて、人格改造にこれ努《つと》めて、それだけの自由を確保してるのに、日本っていう後れた国は、顔も直さずに、そのまま生きとる。あの顔でよう生きてるなあ」と、まあ、みんな思うとるわけよ。ね？

社会派小説から、性愛小説に軸足《じくあし》を移した理由

綾織　あなたが考えるユートピアが、だいたい分かってきましたが、ご自身の人生を振り返られて、どうでしょうか。最初は、心臓移植事件を取り上げた社会派的な小説を出されました。

渡辺淳一　うん、そうだねえ。

綾織　また、野口英世《のぐちひでよ》の伝記を書かれたりしています。内容のよし悪《あ》しは置いておくとして、問題意識としては、小説家として非常に鋭いものがあったと思います。しかし、そこから徐々《じょじょ》に軸足《じくあし》が変わってきまして……。

渡辺淳一　軸足がねえ。うーん。

綾織　男女の普通の恋愛だったら、まだよいのですが……。

渡辺淳一　いや、医者としてはねえ、「男女」を超越《ちょうえつ》しなきゃいけないからね。

綾織　まあ、医者としてはそうですね。

渡辺淳一　お風呂屋の番台《ばんだい》に座る人と、医者は、男女を超越してなきゃいけないからね。

綾織　うーん。

渡辺淳一　それはそうなんだよ。しょうがないでしょう。経費節減のために、番台に座る人は、男が座ってても、男女両方を見なきゃいけない。女が座ってても、両方を見なきゃいけない。医者も一緒だよ。ねえ?

綾織　まあ、そうですね……。

渡辺淳一　「男だから」「女だから」って、やっちゃいけないことがあってはいけない。

綾織　それで、作家として、男女の不倫関係のようなところにテーマを求めていった、きっかけは何だったのですか。

渡辺淳一　君らねえ、何か、頭おかしいんじゃないか。

綾織　いえいえ、素朴《そぼく》な疑問なんですけど。

渡辺淳一　あのねえ、不倫っていう考えは、そもそも間違いなんですよ。そんなものはないんですよ。

君ねえ、カエルのオスとメスが交尾《こうび》してるとこを見て、それを「いやらしい」と思う人間のほうがいやらしいんだよ。それはね、生殖行為《せいしょくこうい》であって、繁殖《はんしょく》行為なんだよ。別に何《なん》にもいやらしくない。ええ。まったくいやらしくない。

魚のオスとメスが戯《たわむ》れて卵を産んで、それで精子を噴《ふ》きかけてると。それを見て、「いやらしい」と思う人間の、その心がいやらしいんだよ。そんなもんは、神様がつくった芸術なんだよ、創造の、ね？

高間　性欲も神様がつくったものであることは認めますが……。

渡辺淳一　そうなんだよ。

高間　手当たり次第《しだい》に、いろいろな女性を取っ替《か》え引っ替えするというのは……。

渡辺淳一　いや、そんなことない！　好き嫌《きら》いがあるから、そんなことない！

高間　……苦しみの原因になります。

渡辺淳一　好き嫌いがあるから、そんな、手当たり次第ってことない。いや、それは君、誤解ですよ。

高間　「顔や容貌《ようぼう》・スタイルがよければ、欲情がワァーッと出て、どんな女性にも近づいていく」というのは、動物性ではないでしょうか。

渡辺淳一　欲情……、それは違うな。いや、それは違いますね。やっぱり、「好み」っていうのはありますから。そんなことないですよ。好みがない人間は、整形外科医なんて絶対なれないですよ。やっぱりねえ、「美の基準」「いい女の基準」って、ちゃんとあるんですよ。

「家庭を壊すかどうかは、人間としての器量の問題」と反論

高間　不倫というのは、もともと、「人間同士のきちんと整理された関係という意味での倫《みち》を外《はず》す」という意味ですが。

渡辺さんには、人としての生きる道はないのでしょうか。

渡辺淳一　いやあ、みんなを幸福にしたかったら、やっぱりそれはねえ……。

何て言うの？　裁判所の傍聴券《ぼうちょうけん》か何かを取るのに、数珠《じゅず》つなぎに並んで、整理され

て、日比谷公園まで並んでるのを見たら、やっぱ、腹立つじゃない？　あれが〝不倫〟だよ。
　ああいうのは、もうちょっとサービス精神を発揮してだね、みんなが時間を待たないよう、サッと券を渡せるような仕組みをつくることが大事だよね。
高間　ただ、代表作の『失楽園』を例に取りますと、書道家の女性で、夫がいる、非常に身の堅《かた》い女性を、ある意味で壊《こわ》していくプロセスを、面白おかしく書いているようにも見えるのです。
渡辺淳一　あれ、出演者を見れば、黒木（瞳《ひとみ》）でしょう？　「身の堅い女性」ったって、みんな冗談《じょうだん》だって分かってるじゃない。
高間　小説では、カルチャーセンターで書道を教えている先生だったと思うのですが。

渡辺淳一　小説はね。

高間　家庭ユートピアといいますか、慎《つつ》ましい家庭の調和を壊していくことに、快感を得ていらっしゃるのではないでしょうか。

渡辺淳一　いや、君ら、やっぱ、勘違《かんちが》いがあるんだなあ。

今朝も、何だか、君らのほうの宗務《しゅうむ》本部の女性二人と話して、出演交渉《こうしょう》をちょっとしてたんだけどね、しばらく。

それで、「〝修道院〟ですから、そういうのは、やっぱりふさわしくない」と言うから、「君らは間違っている」ということを、こんこんと諭《さと》したのよ。

「だいたいねえ、男が興味を持つのは、修道女とか、ナースとか、学校の女先生とか、こんなのが、男の興味を引くもんであって、それこそが禁断の園《その》であって、それこそが関心を持って、興味を持たれ、喜びをもたらすもんなんだ」っていうことを、こんこんと説教したんだ。

高間　まあ、興味は持ってもいいと思います。

渡辺淳一　そうでしょう！　君もほんとは深夜、観てるでしょう？　ちゃんと十二時過ぎには？

高間　いえいえ。ただ、興味を持って手を出したら、そのあと、責任を取らなければいけません。

渡辺淳一　だから、そのために〝知恵〟が要《い》るんだよ。知恵が。

高間　それは、逃げるための知恵のことを言っているのではないですか。

渡辺淳一　いや、違う違う違う違う違う。それは世の中を調和させる知恵なんだよ。

高間　どう調和するのでしょうか。

渡辺淳一　「うまく調和させるには、どうしたらいいか」っていうことで、精密な計算が要るんだよ。ね？　うまーく調和させて、みんなが幸福になるために。

高間　具体的には、どうやってやるのですか。

渡辺淳一　だから、みんながしたいことをして、問題が起きないようにする。

高間　しかし、あなたの小説を読むと、問題がいっぱい起きてくるストーリーになっていますよね？

渡辺淳一　まあ、そうしたほうが社会的非難を受けにくいと思って、不幸な結果にはしたけど、ほんとは私、ハッピーエンドにもっていきたいの。本心はハッピーエンドにしたいんだけども、社会に対する一定の……。

何て言うか、不器用な人間が世の中にはいっぱいいるから、そういう人たちを救うために、わざと破滅《はめつ》を書いてあるわけで、私だったら、あんなふうにならないからね。うーん、普通は。

高間　ただ、人妻に手を出したり、ナースに手を出したりして……。

渡辺淳一　あっ、君ねえ、手を出してない医者がいると思ってるわけ？　はあー！　後れてるわあ。後れてる。

高間　しかし、そうすると、家庭を壊しますよね？

渡辺淳一　いや、「壊す、壊さない」は、人間としての器量の問題ですよ。

高間　小説には、妻に去られ、残された夫や子供の悲しみとか、そういうものは一切、描かれていないですよね？

渡辺淳一　そんなことはないですよ。そんなので悲しんでたら、人生やってられませんよ。何言ってるんですか。

やっぱり、〝テルマエ・ロマエ〟は、いろんな人が入れ替わり立ち替わり、お湯に浸《つ》かって、「極楽《ごくらく》気分」を味わってるとこですからねえ。

4　今いる世界は「赤いワインのプール」

渡辺氏の〝特選浴場〟ができている

高間　「今いる所は、テルマエ・ロマエのようなお風呂《ふろ》で、いろいろな人が出たり入ったりしている世界である」ということですか。

渡辺淳一　うん、まあ、そんな感じがするね。そういう感じがする。「なんか、私の〝特選浴場〟があるらしい」っていうのは聞いてはいるけどね。

高間　そこには、どんな方がいますか。顔見知りの方はいますか。

渡辺淳一　いや、まあ、ちょっと日が浅いので、まだ十分、行ってない。たまに、ひとっ風呂《ぷろ》浴びに行くことはあるけど、まだ、「この世の仕事」が終わってないからなあ。

綾織　渡辺さんの小説によって、テルマエ・ロマエみたいな霊界が一つできているわけですね？

渡辺淳一　うーん。そう。そこ行けば、〝紫綬褒章《しじゅほうしょう》〟が出るんだ。

高間　そのお湯の色は何色ですか。

渡辺淳一　そりゃあねえ、色は〝レインボー〟ですよ。もう〝七色〟に輝《かがや》いている、そりゃ当然。いろんな色に変わる。

高間　ぬめり気《け》が、かなりありますか。

渡辺淳一　そりゃ……、へへっ（笑）。

高間　どうでしょうか。

渡辺淳一　君ねえ、私に対して、そういう単純な質問をするのは失礼に当たるわけよ。引っ掛《か》かると思ってるわけ？

高間　いや、〝温泉〟なら、ぬめり気はあってもおかしくないと思うのですが。

渡辺淳一　温泉に、ぬめり気っていうのはないんじゃない？　それは、やっぱり、もうちょっと気持ちのいいものなんじゃないんですかねえ。

「マホメットや親鸞《しんらん》も一緒にいる」という妄言《もうげん》

綾織　そこには、文学者の方もいると思いますが、どんな方がいますか。

渡辺淳一　ああ、だんだん鼻の下が長くなってくるわ、そんなことを言われるとなあ。まあ、ほかの人は、プライバシーがあるから、あんまり言っちゃいけない分《ぶん》はあるからねえ。

だけど、君たちの〝仲間〟はいるよ。うん、確かに。

綾織　ほう。誰でしょうか。

渡辺淳一　だから、〝マホメット〟とか、〝親鸞《しんらん》〟とかは一緒に泳いでるよ。

綾織　それは、違う人だと思います。

●マホメット　(570～632)イスラム教の開祖。ムハンマドと呼ばれることも多い。八次元如来界の光の大指導霊。

●親鸞　(1173～1262)鎌倉時代の僧侶で、浄土真宗の宗祖。阿弥陀仏への信仰を説く。戒律を破って肉食妻帯したことで有名。

渡辺淳一　いやあ、そうなんじゃないかなあ。マホメットなんていうのは、私と同じこと、〝失楽園〟を描《か》いたんだよ。ね？

高間　『失楽園』を書いたのは、ミルトン卿《きょう》では？

渡辺淳一　宗教だよ。……宗教だよ。ミルトンの『失楽園』もあるけども、マホメットも〝失楽園〟だよな？　「イスラム教徒になってあの世へ行ったら、小川には酒が流れ、処女が侍《はべ》って、もう、やりたい放題だ」って言って騙《だま》くらかして、みんなイスラム教徒に変えたんでしょう？

あれはもう、私の『失楽園』を超《こ》えてるよ。うんうん。

綾織　それは、何らかの方便《ほうべん》だと思います。

ジョン・ミルトン（1608〜1674）
イギリスの詩人、共和派の運動家。

地上の人に対しては、禁欲的な戒律《かいりつ》なども説いていますから、全然、違います。

渡辺淳一　うーん。それはねえ、自分が女性を独占《どくせん》するために、ほかの人に禁欲させたんだと思う。

綾織　マホメットは、道を踏《ふ》み外《はず》すようなことはされていませんし、イスラム教徒にも勧めていません。

渡辺淳一　うーん。

「性とは、幸福の極めて重要な部分」と主張

渡辺淳一　まあ、私は（自分のことを）一種の宗教家だとは思ってますよ。愛を説く宗教家だと思ってますね。

高間　その「愛」ですが、小説を読む限り、いちばん力を入れて書かれているのは、やはり、性描写《せいびょうしゃ》のところだと思います。それは、「性愛」ではないですか。

渡辺淳一　それはねえ、やっぱり、医者としての特徴《とくちょう》だね。人間の肉体器官について、細《こま》かく精密に描写しなきゃいけないっていうのは、医者としての使命だからね。一種のレントゲンみたいなもんだから、医者っていうのも。

高間　医者が患者《かんじゃ》の体を診《み》るときは、努《つと》めて冷静だと思います。

渡辺淳一　うーん。冷静な顔をつくるように、訓練はされている。

高間　渡辺さんの場合は、もうムラムラきて、まさぐったり何だりを、微《び》に入《い》り細《さい》に入り、欲情を描いていると思いますが。

渡辺淳一　君ねえ、幸福の科学みたいなとこで、無理やり禁欲させられて、そして、医学部へ入って、もう「禁欲のままに産婦人科医になった人」と、「たっぷりと遊びまくった産婦人科医」と、どっちが腕《うで》がいいか分かるか？　そりゃあ、もう後者なんですよ、間違いなく。

綾織　産婦人科医の腕と禁欲とは、まったく関係ないと思います。

渡辺淳一　いや、それはねえ、女性を何百人知ってるかなんだよ。

綾織　いえいえ（笑）。知る必要は全然ないと思います。

渡辺淳一　やっぱり、女性によって違いはあるんだよ。それにねえ、よく精通してなければ、いい医者になれないんですよ。

綾織　あなたは、「自分は医者だ」という意識でいるんですね?

渡辺淳一　医者なんですよ! 私は〝心の医者〟でもあれば、体の医者でもあるわけです。

だから、性というのは、人間の幸福の極めて重要な部分なんですよ。これを、君たちは正面から説けない。正面から説けないから、小説家が創作のふりをして、指導しているわけよ、代わりにね。

綾織　その結果は破滅《はめつ》ですよね? 家庭が壊《こわ》れます。

渡辺淳一　破滅じゃないですよ。破滅と思ったら、破滅じゃない。破滅と思ったら天国。天国と思ったら破滅なんだ。こういうものなんだ、だいたいは。

綾織　全然、分かりません(苦笑)。

渡辺淳一　そうなんですよ。

「オスはメスを追いかけるようになっている」と開き直る

高間　渡辺さんの処女作に近い作品に、『阿寒《あかん》に果《は》つ』という小説があります。

渡辺淳一　〝処女〟作という響《ひび》き、いいねえ。

高間　これは、渡辺さんの高校生時代の実話をベースにしていると言われていますよね？

渡辺淳一　はあ。

高間　付き合っていた女性が自殺してしまうというストーリーで……。

渡辺淳一　君、NHK出身だよね？

高間　そうですね。

渡辺淳一　そういうことは、あんまり扱《あつか》わないんじゃない？　NHKって。

高間　最近、NHKも不倫《ふりん》ものをやったりして、だいぶ崩《くず》れてきているので、OBとしては心配しています。

渡辺淳一　あっ、そう？　それはいかんねえ。有料化はできないですね。そういうものはねえ。

高間　いや、ここでお訊《き》きしたいのは、そういうことではありません。

『阿寒に果つ』のストーリーは、あなたの一種の原体験だと思うのです。ある男性が、純粋《じゅんすい》な気持ちで女性と付き合っていたら、実は、彼女はほかの男性とも付き合っていて、挙《あ》げ句《く》の果《は》てに彼女は自殺してしまうという話です。

渡辺淳一　まあ、それはねえ、この世では、今はもう当たり前のことだから。自殺したりするようなナイーブさが、実は、悪を生んでいるわけであって、このナイーブさを取り去らなきゃいけないわけだ。

「こんなの、ありふれててバカバカしい話だし、一晩寝《ね》たら忘れることなんだ。酒を飲んで寝たら、終わりなんだ」と（机を叩《たた》く）。

こう麻痺《まひ》させれば……。麻酔《ますい》っていうのは、やっぱりあるのよ、医学ではね。それをさせれば、そういう者は、死ななくて済むわけよ。ね？

高間　ただ、相手を傷つけたときに発生する、相手の苦しみや傷ついた気持ちというのは残りますよね？

渡辺淳一　私ね、その「傷つく」という言い方のところに、非常に問題を感じるのね。セクシャル・ハラスメントとか言うじゃない。ね？　男女平等で、セクハラだとかさあ、パワハラだとか言ってるけど、あんなのナンセンスですよ。平等を言うなら、あんなの絶対言うべきじゃないと思うね。セクハラなんていうものは、この世に存在しないんですよ。

オスはメスを追いかけるようになってるんだから、生物学的に。それであってこそ、子孫繁栄して、ちゃんと続いてるんだよ、今まで。

高間　そうしたら、オスとオスの間でメスを取り合う戦いが起きてきます。殺し合いだって出てきますよ。

渡辺淳一　そこで、優秀《ゆうしゅう》なオスが出てくるんじゃないの。ＮＨＫに入るべきか、産経新聞に入るべきかって、オスがメスの取り合いのために頑張るんじゃないの。ええ？

綾織　そういうのは、単純な動物界の話ですよね？

渡辺淳一　まあ、動物……。

綾織　動物ですよね。

渡辺淳一　一応、実験対象としては、そうだからね。まあ、わしらは人間も対象にはしておったけどね。

まあ、こういう人生経験が豊富だと、ほんとは、自殺したり、心が病《や》んで病気になったりするような人も、救えるわけよ。ね？　豊富な体験があれば。だから、宗教家と変わらないんだって。

綾織　いえいえ。救うといっても、先ほど、渡辺さん自身がおっしゃったように、麻酔のようなものですよね？　「麻痺させて、『そんなことは、もう、どうでもいいんだ』と思わせる」という話をされていたと思いますが。

渡辺淳一　少なくとも、私はですねえ、セックスしたいために、「観世音菩薩《かんぜおんぼさつ》が女性に生まれ変わって、やらしてくれた」なんて書くような宗教家（親鸞のこと）ほど、いやらしくないですよ。もっとリアリティーがありますから、私が書いてることは。あれほど、いやらしくない。あれほど、自己を合理化するほどの宗教家じゃないから。

そんなのが、「一千万人以上の信者を集めてる」なんて、堂々とおっしゃっていますからねえ。私はもっと〝ピュア〟です。やっぱ、〝純愛〟を求めましたからね。

親鸞

温泉の周りでは、「赤い褌《ふんどし》」をした人が「赤い旗」を振《ふ》っている

綾織　実際に、あなたがつくっている霊界について、お伺《うかが》いしたいのですが。

渡辺淳一　私がつくってる霊界？　ほお。

綾織　二百万部以上、小説が売れているわけですし……。

渡辺淳一　やっぱ、読者がいるっていうことなんだよな。うらやましいだろう？　君ら、売れない者としては。

綾織　作家としては、素晴らしい成功をされていると思います。はい。
それで、実際はおそらく、『テルマエ・ロマエ』とは全然違う風景の世界にいると思うのですが、もう少し具体的に、教えていただけないでしょうか。

渡辺淳一　うーん。

綾織　先ほど、温泉の色はレインボーだとおっしゃっていましたが、どういう感じなのでしょうか。

渡辺淳一　そうだねえ。「赤旗をいっぱい振《ふ》ってる人がいる」と言ったら、混乱するか？

綾織　赤旗？

渡辺淳一　うん。赤旗を振ってる。

綾織　ほお。

渡辺淳一　赤旗を振ったり、赤い褌《ふんどし》をしたりしている人が、いっぱいいる。

綾織　なぜ、赤旗を振っているのでしょうか。

渡辺淳一　知らないねえ。血の色なんだろうねえ、これは。医学部は、やっぱり白だけどねえ。白衣を着ているが、やっぱり、「血」が対象なんだ、基本的にはね。

綾織　旗なんですね？

渡辺淳一　うん。赤い旗がよく立ってるねえ。赤い褌をしてる人もいる。

高間　その人たちは、どんな気持ちで赤い旗を振っているのでしょうか。

渡辺淳一　うーん……。なんか、燃え上がらそうとしてるんじゃないかねえ。血の気《け》が、こう……。

綾織　それは、闘牛士《とうぎゅうし》がヒラヒラと赤い布を振るのと、考え方としては同じなのでしょうか。

渡辺淳一　分からないが、赤い旗をよく振ってる人がいる。これは共産党なのかなあ？　おかしいなあ。共産党のはずはないな。俺《おれ》は資本主義者だからなあ。共産党じゃない。

綾織　お風呂の周りに、たくさんいるわけですか。

渡辺淳一　うん。外で……。だから、これは、あっ！　プールの監視人《かんしにん》か。監視人みたいなもんが、いるのかもしれないねえ。

綾織　それで、赤い褌をしていると？

渡辺淳一　赤い褌をして、赤い旗を振ってるよ。うん。

綾織　その人たちは何か言っていますか。

渡辺淳一　（私のことを）ＶＩＰ《ビップ》対応してるから、今んとこ、どうのこうのっていうことは、ないけど。

まあ、ＶＩＰが溺《おぼ》れないように監視してんじゃないかな？

極上《ごくじょう》のワイン風呂のなかで、男女が戯《たわむ》れている

吉川　プールのなかは、どういう感じですか。

渡辺淳一　プールのなかは、それはそれは、気持ちのいい感じだねえ。赤いワインのなかを泳いでるような。

綾織　ああ、ワインですか。

渡辺淳一　酒の匂《にお》いもするから、ワインのなかを泳いでるような感じがする（注。「赤いワイン」のなかを泳いでいる状況から見て、血の池地獄《じごく》〔色情《しきじょう》地獄〕に堕《お》ちているものと推定される。『地獄の方程式』〔幸福の科学出版刊〕参照）。

吉川　匂いというのは、ワインの匂いなんですか。

渡辺淳一　うん、ワインだねえ。極上《ごくじょう》だよ、たぶん。極上ワインだね。

吉川　そこでは、みんな、コースとかに沿って泳いでいるんですか。

渡辺淳一　そうだねえ。まあ、いろんな遊び方があるからさあ。あとは、もてなし方がいっぱいあって、君よりも、もっともっと色っぽく、もてなしてくれるからさあ、いろんな方が。

吉川　（苦笑）

渡辺淳一　うん。コースによって、いろいろあるんだよ。

綾織　ほお。

渡辺淳一　コースがいっぱいある。長いコースから、短いコースまで、いっぱいあるんだよ。

綾織　例えば、長いコースでは何をやっているんですか。

渡辺淳一　すべり台で、こう（右手で大きな弧《こ》を描く）。

綾織　そのすべり台を滑《すべ》って落ちた先には、何があるんですか。

渡辺淳一　池が……、プールがあるわけですよ、ちゃんと。

綾織　池が広がっている？

渡辺淳一　うん。ワインのプールに入って、ジャッハッハッハッハ（笑）。

吉川　プールは一つしかないんですか。

渡辺淳一　それは、どこまで続いてるかは分からない。まあ、いろいろ続いてるかもしれんがなあ。

綾織　短いコースでは、何をやっていますか。

渡辺淳一　短いコースは、お金をケチった人だろうね、たぶんね。

綾織　お金をたくさんかけると、長いコースになる？

渡辺淳一　うん、そうそう、そうそうそう。

まあ、VIP《ブイアイピー》扱いだから、私の場合はねえ。やっぱり、ちょっと違う。全然違いますけどね、うん。

綾織　男性、女性は、それぞれ何をやっていますか。

渡辺淳一　男性、女性は、それぞれに、うーん、まあ……、けっこう自由主義だねえ。

自由主義で、お互いあんまり干渉《かんしょう》しないので、まあ、好きなようにしてるんじゃないいかなあ。これが、〝温泉〟の基本なんじゃないの？

綾織　「好きなように」というのは、例えば？

渡辺淳一　他人《ひと》が何をしてようが、関心は特にない。お互いないもんで。ええ。

綾織　そうですか。

渡辺淳一　ええ、自分が好きなことをしてるだけですから。

綾織　例えば、何をやっているのでしょうか。

渡辺淳一　例えばって、まあ、「戯《たわむ》れる」っていうことはあるなあ。

綾織　戯れる？

渡辺淳一　気が合えばな、そういうことはあるわね。うんうん。

綾織　気が合えば戯れている状態が、いろんな所で見られるわけですね？

渡辺淳一　やっぱり、なかなか、いいよ。ワイン風呂っていうのも、いいよ。君、来ないかい？　機会をつくってあげるよ。

瀬戸内寂聴《せとうちじゃくちょう》は「〝生悟《なまざと》り〟で中途半端《ちゅうとはんぱ》」と批判

綾織　そのなかで、あなたご自身は、どういう仕事というか、何をされているんですか。

渡辺淳一　一日中いるわけじゃないからね。やっぱ、お風呂は上がるときがあるから。

上がって、体を拭《ふ》いて、新潮社とか文春とか、いろんな出版社がいっぱいあるわけだよ。角川だとかねえ。もう、仕事しに行かなきゃいけないじゃないですか。挨拶《あいさつ》しに行ったり、いろいろ付き合いがあるからね。

綾織　地上に戻《もど》ってきて、何か指導をされたりしているんですか。「こういうふうにやりましょう」みたいな……。

渡辺淳一　いやあ、それは、まだ日が浅いから十分ではないけども、「わしのよき後進を育てなきゃいかん」という使命感は感じているからね。

綾織　後進というのは、何か物を書いたり、意見を発信したりする人のことですよね?

渡辺淳一　そうそう、そうそう。やっぱり、大作家を育てたいからねえ。

綾織　今、どなたか想定されているような方はいますか。

渡辺淳一　まあ、わしに匹敵《ひってき》するところまでいくって……。うーん。最近、ちょっと層が薄《うす》くなったよねえ。やっぱりねえ。小物《こもの》になってねえ。まあ、●吉行淳之介《よしゆきじゅんのすけ》とか、ああいう人たちは、そこそこのもんだったと思うけどねえ。ちょっと層が薄いね、今ね。何だか……。

綾織　先般、瀬戸内寂聴《せとうちじゃくちょう》さんの守護霊がいらっしゃって、霊言を収録したのですが。

渡辺淳一　そうそう、知ってるよ。今朝は、それで交渉したんだよ。
（宗務本部の女性が）「寂聴さん（守護霊）も来たから、もう結構です」みたいなこと言ったけど、「あん

『「煩悩の闇」か、それとも「長寿社会の理想」か 瀬戸内寂聴を霊査する』（幸福の科学出版刊）

●吉行淳之介（1924〜1994）小説家。東京大学中退。『驟雨』で芥川賞受賞。『砂の上の植物群』等、男女の性的関係から人間存在の意味を追求する作品を発表。

なんじゃあ、ほんまもんじゃないですよ」と。

綾織　ほんまもんじゃない？

渡辺淳一　あんなものは、まだ〝初級コース〟だから、駄目《だめ》だ。あんなのは、まだまだ全然。

綾織　上級コースとは、どういう違いがあるのでしょうか。

渡辺淳一　やっぱりねえ、何と言うか、まだまだだね。〝生悟《なまざと》り〟だね。あのレベルは生悟りで、ちょっとねえ、悪《わる》ぶってるだけかな。本当の意味での、男女の深ーい深ーいところまで、まだ穿《うが》ち入《い》ってないね。やっぱり駄目だね。ああいう半端《はんぱ》な生き方は、私はよくないと思いますね。

綾織　「宗教家をやりながら、男女の世界を描く」というのは、中途半端《ちゅうとはんぱ》ですか。

渡辺淳一　半端だと思いますし、なんか、天台宗《てんだいしゅう》が〝愛欲教〟だということを広めたいんかもしらんけど、そういう、宗教の力を借りてやろうとするのは、けしからんことであって、やっぱり、小説家は小説家の筆力で戦わなければいけない。その筆力でもって、大勢の人を迷わせ……、いやっ、迷わすんじゃなくて……。

綾織　なるほど、迷わすわけですね。

渡辺淳一　大勢の人を酔わせなきゃいけないんであって、天台宗の信徒たちをねえ、広告してるふりをして無理に酔わそうっていうのは、やっぱり、不純だね。

だから、私みたいな〝テルマエ・ロマエ〟には来れないね。もうちょっと浅い、泥《どろ》池《いけ》みたいなとこに入ってるんじゃないか（注。以前、瀬戸内寂聴氏の守護霊を招霊《しょうれい》したところ、「血の池地獄は楽しい世界」と語り、渡辺淳一氏とは〝仲間〟であることを仄《ほの》めかしていた。『「煩悩《ぼんのう》の闇《やみ》」か、それとも「長寿《ちょうじゅ》社会の理想」か　瀬戸内寂聴を霊査する』〔幸福の科学出版刊〕参照）。

風呂のような霊界は、ローマ時代から存在する？

綾織　その、お風呂のような霊界は、渡辺さんが、ずっと小説を何十年と書かれてきたなかで、だんだん、できてきたものなのでしょうか。

渡辺淳一　うーん。分からないけど。

綾織　もともと存在していたんですか。

渡辺淳一　これはねえ、歴史があるらしいんだよ。「ローマの時代にも、建築された」と言ってるから。うん。そのころから、もうある。歴史がある。

綾織　そのなかでの、渡辺さんの位置づけというか、序列というのは、何かあるんですか。

渡辺淳一　そりゃあ、まあ、（ローマ帝国の）「カリギュラ皇帝《こうてい》」と言いたいとこだけど、それほどは〝偉《えら》く〟ないかもしらん。「それに、あやかりたい」と願っている者の一人ではあったぐらい……。

カリギュラ（12 ～ 41）
ローマ帝国第３代皇帝。

5 「自由」を履《は》き違えている渡辺氏の霊

吉行淳之介《よしゆきじゅんのすけ》は親しいが、遠藤周作《えんどうしゅうさく》とは親しくない

高間　渡辺さんは歴史小説も幾《いく》つか書かれていますが、そのなかに、『天上紅蓮《てんじょうぐれん》』という、白河法皇《しらかわほうおう》と待賢門院璋子《たいけんもんいんたまこ》の愛欲関係を描いたものがあります。

渡辺淳一　うん、うん。

高間　そういった歴史上の人物を……。

渡辺淳一　君、うれしそうにしゃべるねえ。君、赤ら顔でうれしそうに。

高間　いや、あくまでも、救済行《ぎょう》の一環《いっかん》として、質問しております。

渡辺淳一　ああ、そう？

高間　ええ。そういった、日本の歴史上の人物で、道を外《はず》したような方々もお近くにいらっしゃるのですか。

渡辺淳一　道を外した日本の方々……。ふーん。道を外してない人って、いるのかね？

高間　白河法皇とは、お会いになっていますか。

渡辺淳一　うーん。君、なかなか際《きわ》どいことを、いろいろ言うけど、「そんな古い人と、今、死んだばっかりの人が、すぐに会う」っていうことは、あんまりないわね。

綾織　この十日余りの間に、会われた方はどなたでしょうか。

渡辺淳一　うん？

綾織　霊界で交流された方は、どなたですか。

渡辺淳一　似たように分類されがちであっても、似てない人はけっこういるからね。小説家なんかでも、恋愛ものに関心を持った人はずいぶんいることはいるんだよなあ。だけど、どこか、若干《じゃっかん》、違いがあるんだろうね。

吉川　先ほど名前の挙《あ》がった、吉行淳之介《よしゆきじゅんのすけ》さんとかはどうですか。

渡辺淳一　ああ、それは近く……、近くっていうか、親しい関係だよな。割合ね。

吉川　お友達ですか。

渡辺淳一　うん。遠藤周作《えんどうしゅうさく》さんも、この前やったんだろ？　君たち。なあ？（注。二〇一四年四月二十二日「遠藤周作の霊界談義―新・狐狸庵閑話《こりあんかんわ》―」を収録）

吉川　はい。

渡辺淳一　あまり親しくはないんだけどねえ。こっちではね。

吉川　でも、お会いにはなるんですか。

遠藤周作（1923〜1996）小説家。『白い人』で芥川賞受賞。『沈黙』等、キリスト教を主題とした作品を書く一方、ユーモアに富むエッセイも多数発表。

渡辺淳一　あれは、不器用な男だからね。だからだと思う。私は器用なほうだから。あっちは不器用だからなんだと思うんだよな。

吉川　どういう点で、不器用なのでしょうか。

渡辺淳一　まあ、人間としての生き方が不器用なんじゃないかねえ。彼は、「恥《は》ずかしい」っていう気持ちがちょっと強いんだよ。「照れ隠《かく》し」とか「恥ずかしい」っていう気持ちが強い。

「私は現代の〝エロス神《しん》〟」とうそぶく

綾織　「恥ずかしい」という気持ちを持っていてはいけない？

渡辺淳一　やっぱり駄目《だめ》だね。もうちょっと〝理性的〟でないとねえ。

綾織　理性？

渡辺淳一　医学部を卒業したような理性がないと駄目。

綾織　（笑）それは、逆ではないですか。

渡辺淳一　ええ？　理性があるから、のめり込まないんですよ。

綾織　まあ、そうですね。

渡辺淳一　理性があるから、傷ついたり、フニャフニャと揺《ゆ》れたりしないんですよ。

綾織　渡辺さんご自身は、理性的な方なんですね？

渡辺淳一　理性なの。私は〝理性の塊《かたまり》〟なんですよ。

綾織　そうですか。

渡辺淳一　理性なんですよ。うん。

綾織　でも、あなたの小説は、完全に理性を外す内容ですよね？

渡辺淳一　いや、そんなことはない。ほかの人を酔わせる人は、酔ってないんだよ、ほんとは。ね？　理性的な人だから、理性的でない人をつくり出すことができるんだ。演出家っていうのは、踊《おど》ってる人とは違うんだよ。

綾織　逆に言うと、あなたは、他の人に、理性を外すことを確信犯的に勧めている人ということになるわけですが。

渡辺淳一　まあ、私は〝神の領域〟まで入ったからねえ、ある意味ではね。

綾織　〝神〟として、小説を通じて、理性を外すことを勧めている？

渡辺淳一　現代の〝エロス〟なんだよ。現代の〝エロス神《しん》〟なんだよ。私が。

綾織　それは違うと思います。

渡辺淳一　後世、現代の〝エロス〟と呼ばれるだろう。

自由とは、欲情のままに生きることなのか？

高間　では、〝神〟として、地上の人々に、「どう生きよ」と、導きを与えるのでしょうか。

●エロス　ギリシャ神話に登場する「愛の神」。一般的には「性愛」という意味合いが強いが、本来は「愛」という意味。

渡辺淳一　だから、〝自由の創設〟なんだよ。

高間　自由とは、どんな自由でしょうか。

渡辺淳一　まあ、まあ、もう、それはねえ、深く考えることなく、自分が「幸福になれる」と思う道を、まっしぐらに歩むことだよ。

高間　その道の先には何があるのでしょうか。

渡辺淳一　学校の先生が教えるような、へんてこりんな戒律《かいりつ》みたいなものに惑《まど》わされることなく、自分の心の奥《おく》から湧《わ》いてくる〝純粋《じゅんすい》な思い〟に忠実に、「あっ、あの人きれいだな」と思ったら、アタック！　「きれいでない」と思ったら、逃げる！　もう簡単なことだよ。

綾織　それは、単なる動物性ですよね。

渡辺淳一　いや、君ねえ、私みたいなインテリに対して、そういう言葉は通じないんですよ。

高間　それでは、動物的な欲情とどう違うのでしょうか。

渡辺淳一　何が？

高間　「まっすぐに進む」ということと。

渡辺淳一　動物を解剖《かいぼう》する立場にいるからね。そらあ、一緒じゃないわね。だから、女性も、私から見れば、動物の解剖と変わらないわけよ。一種の解剖学的見地から観察してるわけであって、さまざまな女性のあり方っていうのを、肉体を通じて観察してるわけだからね。

高間　観察するなかに、女性の心の奥にある、清楚《せいそ》さとか、神々《こうごう》しさとか、そういうものが見えてくればよいと思うのですが、肉体的に解剖していっても、それは出てこないのではないでしょうか。

渡辺淳一　いや、いいと思いますよ。だから、尼僧《にそう》、ナース、いいですねえ。女教師、いいですよ。神聖《しんせい》で、とってもいいです。

高間「その神聖さを穢《けが》す勧めを、結果的にはした」ということになるのではないでしょうか。

渡辺淳一　いや、穢すのではなくて、彼女たちは自分を〝金縛《かなしば》り〟にしている状態にあるから、その金縛りを解いてほしいと思ってるの。ほんとはね。それを解いてやるのが、小説家の技量なんですよ。その金縛りを解いてやることが大事ね。

地獄でフロイトと会い、お互いに〝正しい〟と認め合った

綾織　ところで、あなたご自身の、霊界でのお姿についてお伺《うかが》いします。先ほど「テルマエ・ロマエ」の主人公のような姿とおっしゃっていましたが、実際にはどうなのでしょうか。

渡辺淳一　あっ、そういえば、この前、やっぱ医者同士で話が通じるんだろうね、フロイト先生と会ったような気がするわ。

綾織　そうですか。

渡辺淳一　うーん。お互いねえ、〝正しい〟と認め合ったよ。お互い、「人類の根本は

すべて〝如意棒《にょいぼう》〟にある」っていうことはねえ、共通してた、意見が。

綾織　以前こちらにお呼びしたとき、フロイトは、「穴のなかに入っている」と言っていました（注。霊査によると、フロイトは、無間地獄《むけんじごく》と色情《しきじょう》地獄を合わせたような場所にいることが判明している。『フロイトの霊言』（幸福の科学出版刊）参照）。

渡辺淳一　うん、「穴のなか」ねえ、いいねえ。いいね。それもいいねえ。それは〝人生の真実〟そのものじゃないか。男性は穴のなかにとらわれるものだからさ。うん。そっから逃げられないんだよ。

綾織　実際、フロイトは逃《のが》れられない状態でした。

渡辺淳一　いったん入ったら、もう逃げられないんだよ。食虫植物みたいなもんで、いったん入ったら、一

『フロイトの霊言』
（幸福の科学出版刊）

生、何十年か逃げれないようにされてるんだよ。どうやって、この囲みを破って外へ出るか。これが、自由を求める戦いなんだよね。

綾織　フロイトの場合は穴のなかにいたわけですが、あなたご自身はいかがでしょうか。何か、棒を象徴《しょうちょう》するようなお姿になっていますか。

渡辺淳一　いや、私は職業的に、医者としての研究もあったし、小説家としての研究もあったから、すべては〝聖なる行為《こうい》〟だったと思ってますよ。

綾織　あなたご自身のお姿は、どんな感じですか。

渡辺淳一　まあ、自分の姿を客観的に見るのは難しいけれども、やっぱり後世《こうせい》、平成の〝エロス神〟として祀《まつ》られるような人間なんじゃないかなあ。

綾織　人間の姿ですか。

渡辺淳一　いや、〝神〟だからねえ、もう人間ではないかもしれない、ある意味では。うーん。人間ではないかもね。

ただ、ギリシャ・ローマの彫刻《ちょうこく》のような姿で描かれるんじゃないかな。（右手を後頭部に付けて、彫刻を模したポーズをとる）ああいう感じで、前だけタオルを巻いて出てくる感じじゃないかな。

綾織　ほかに、誰かお会いになった方から、何か言われたことはありますか。「こんな姿になっている」とか。

渡辺淳一　お会いになった方？　〝マホメット君〟とか〝親鸞《しんらん》君〟とは、勉強会をすることはあるけれども、近代的な知識は、やっぱ教えてやらないと。かなり、錆《さ》びついてるからね、彼らの考えが（著者注。当教団としては、この点、同意していない）。

これ、ちょっと、錆落とししてやらないといけないと思ってるんだよね。だから、「自分らがやってることと、信徒がやってること、全然違うじゃないの」っていうところも、かなりあるからね。このへんの矛盾《むじゅん》は、やっぱ統一すべきだと思うね。

「異性にとらわれて、逃げられなくなる」という人生観

綾織　霊界でフロイトとは、「今後この世界をどうしていこう」とか、そういう話はされていますか。

渡辺淳一　いやあ、どうやって、その、何て言うの？　「男性が、幼少時のつまずきから、食虫植物にとらわれたハエか何かの昆虫《こんちゅう》のように、異性にとらわれて逃げることができなくなる」という人生観を、彼も持ってらっしゃるから、（私と）同じようにに。

これは不幸の始まりだからね、幼少時から始まる。まず、とらわれるのは、おふ

くろさんっていうか、お母さんに対する愛で、そこから、もちろん始まるんだけど、それが思春期になって異性に変わり、次、お母さんから異性にとらわれるほうに移るわけね。そして、とらわれて一生を送る。

その間に、自由を求めて這《は》い出そうと一生懸命《いっしょうけんめい》……。下まで落ちたら胃液みたいなので溶《と》かされるから、這い上がろうとしては落ち、這い上がろうとしては落ちして、何とか逃げ出した人のみが自由を得るわけだけど、そのあと、その食虫植物はさらなる追っ手を放って追いかけてきて、さばきにくるわけですよ。ねえ？

だから、これはやっぱり、「こういう、とらわれの身である人間を、どうやって幸福にするか」というその幸福論ですよ！　はっきり言えばね。

綾織　「とらわれている」ということは、「そこには自由がなく、苦しみがあって、幸福にはなれない」ということであり、フロイトの今の姿はそれを表しているわけです。

全然、自由の創設でも何でもありません。

渡辺淳一　うーん、だから、それはねえ……。でも、それは原罪から言えば、「神様に原罪がある」としか言いようがないからね。おしべとめしべをつくった責任っていうのは、おしべとめしべにはないよね。

高間　でも、天国の天使は（霊格が高くなると）、〝おしべ〟も〝めしべ〟もなく、男も女もないのです。

渡辺淳一　そんなの、君、見てきたようなことを言うんじゃないよ。

高間　いや、それは大川総裁が説かれています。信じる者としては、そうなんですよ。

渡辺淳一　ええ？　そりゃ、死んでから霊言しなさいよ。

6　抜きがたい「異性へのこだわり」

同性婚には反対し、同性愛に走る人を「バカ」呼ばわりする

高間　渡辺さんは、「男がいて女がいる」ということに、とらわれているのではないでしょうか。

渡辺淳一　いや、そんなこと……。それはね、男女があるから、やっぱり、事件性が生じて、人生に起伏《きふく》がいろいろ生まれ、小説性が生まれてくるんであって、男同士の世界とか、今、世界がそちらに動いてるけども、男性同士・女性同士が結婚するなんていう、こんな気持ちの悪い世界になったら、神様は地球を爆破《ばくは》するんじゃないかと私は思うね、たぶん。

高間　同性婚には反対ですか。

渡辺淳一　私は反対だよ。バカだよ。だからね、君らが、「不倫《ふりん》だの、そういうことはしちゃいけない。ああしちゃいけない」と言うから、だんだん面倒《めんどう》くさくなって、反対に走ってるんだよ。あれはねえ、ほんとイカれたクレイジーな分子たちだ。それが今、アメリカの大統領からヨーロッパまで、みんな、もう伝染してきてるんだよ。これ、人類破滅《はめつ》の直前ですよ、今。ええ。

高間　ただ、自由論から言うと、「男性であることから自由になる」ということで、「男性でも女性でもない自分」というのはあるのではないですか。

渡辺淳一　女性の多様性を体験する自由を奪《うば》い去ったから、そんなことになるわけですよ。

悪い女性にたまたま当たった人は、「もう、火傷《やけど》は二度とごめんだ」と、みんな思うわけよ。だから、男が男に走るわけね。

「女性なんか幾《いく》らでもいて、多様で、いろいろ経験してみたら、いい女性もいるんだ」ということを知れば、それでいいことになるんだけど、「いったん運命の罠《わな》にはまったら、もう二度と逃げることはできない」みたいな、キリスト教がつくっているような結婚制度みたいなものに捕《つか》まったら、これは手枷《てかせ》足枷がかかったタヌキやキツネと一緒なんだよ。もう逃げられなくなるんだよ。

「性欲や肉体関係こそ〝現代の幸福論〟」と力説

高間　また、高齢化《こうれいか》社会のなかで、今、六十歳、七十歳になっても、性について熱心に考えている方もいらっしゃいます。

渡辺さんも、八十歳まで性愛小説を書いていらしたのですが、そのへんをどのように感じていらっしゃいますか。

渡辺淳一　まあ、生涯《しょうがい》現役っていうのは、今、目標だからね。人類というか、日本人は少なくともね。

そして、生涯現役っていうのは、やっぱりねえ……。機能しなければ、現役とは言えないでしょう。だから、それを助けるのは医者の仕事だよね。医者と薬剤師《やくざいし》が頑張らなきゃいけないよね。

高間　今、さまざまな薬も出ていますが。

渡辺淳一　いいんじゃないんですか。それはもう、〝幸福のもと〟なんだ。君たちも売ったほうがいいよ。人類幸福化を目指しているんだったら、そういうグッズで叶《かな》えられるものなら、叶わせたほうがいいと思うなあ。うーん。

年取ったら、だんだんねえ。若いころはグーッと盛り上がっているもんが、年取ったら、だんだんだんだん、こうなってねえ（上に挙《あ》げていた右手を下げて、水平にする）、君たちぐらいの年齢になってきたら水平になって、そのあとは、だんだん、ズーンと下がってきて、元気がなくなってくるんだよね。
これをもう一回、再び雄々《おお》しく立ち上がらせるためには、やっぱり、そういう薬は必要だね。〝幸福のもと〟だよ。奥《おく》さん、喜ぶよ。

高間　ただ、性欲や異性への興味・関心がだんだん衰《おとろ》えるからこそ、本来のあの世の世界が恋しくなるのではないのでしょうか。

渡辺淳一　いや、そんなこと……。それは衰えちゃ駄目《だめ》なのよ。衰えたら浮気《うわき》が始まる。それこそ浮気が始まるわけで、ええ。それを妨《さまた》げたかったら。それは失楽園になるわけだからね。そうさせないようにするためには、やっぱり、頑張らせなきゃ。
だから、バイアグラがあれば、ある意味では、失楽園は防げるかもしれない。

吉川　あなたの考える幸福とは、性欲というか、そういった肉体関係なのでしょうか。

渡辺淳一　いや、重点的な問題ですよ。君の悩みだって、半分以上そうでしょうが？

吉川　いえ。そんなことはないと思います。

渡辺淳一　ええ？　どうですか。男と結婚するか、女と結婚するか、考えてるでしょうが？　ずーっと。

吉川　女性と結婚することは考えていませんが。

渡辺淳一　いや。考えてますよお。

吉川　いやいや（苦笑）。

渡辺淳一　1LDKで一緒に住めるかどうか、考えてるでしょ？

吉川　いやいや、考えていません。

渡辺淳一　そりゃそうですよ。それは「現代の幸福論」ですから。誰とだったら住めるか、考えてるでしょ？

吉川　いえ、そんなことは考えてないです。

「男には、女を犯《おか》す自由がある」という身勝手な理屈《りくつ》

吉川　渡辺さんの考える幸福というのは、肉体関係だけなのですか。

渡辺淳一　あなたねえ、精神的な恋とか愛とかいうものは、簡単ですよ。しかし、それはねえ、リスクをあんまり伴《ともな》わないもんなんですよ。あるいは、一種の感傷《かんしょう》にしか過ぎないものなんですよね。

やっぱり、もう一段のリスクを冒《おか》してこそ、初めて本物になるんですね。行為を通して、勇気というものは実体化するんだね。勇気がない恋愛っていうのは、基本的に価値がないと思うな、私はな。

勇気とは何かっていったら、やっぱり、世間からのバッシングとか、相手から強く拒絶《きょぜつ》されるとか、警察に捕まるとか、まあ、いろんなリスクを冒しながら断行していくなかに、小説が生まれるわけだよ。人生は一編《いっぺん》の小説ですからね。

綾織　小説なら、もしかしたら、いいのかもしれませんが、あなたの場合、それを現実にやらせているというか、やらせたいという考えを持っているわけですね。

渡辺淳一　全国紙なんかに勤めると、そういう冷たいものの言い方をするけども、スポーツ紙に勤めると、そんなことはなくなってきて……（注。綾織は以前、新聞社に勤めていた）。

綾織　まあ、スポーツ紙はそうですね。

渡辺淳一　……そういう活字が踊《おど》り始めるわけですよ。「渡辺氏、福音《ふくいん》を説く」と、こうなるんです。スポーツ紙の見出しだったら。

高間　あなたは、勇気と言いますが、今、全国でストーカー殺人とかが起きていて、社会問題になっています。

渡辺淳一　ストーカーって言うのはよくないですよ。あのねえ、ストーカーなるもんはないんですよ、本来。それをストーカーと決めつけるのは、たいていの場合、女性なんだろ？　まあ、男性もやるかもしらんけども、ストーカーと決めつける女性がいけないのよ。

そういうときは、もう許してあげればいいわけよ、全部。相手が求めてるんだから。「求めよ、さらば与えられん」って、イエスも言ってるでしょ？

高間　ただ、つきまとわれて、非常に嫌《いや》な気持ちになる人がたくさんいるんですよ。

渡辺淳一　嫌に思うところに間違いがあるわけだ。そこにねえ、間違った倫理《りんり》教育が行われてる。嫌に思っちゃいけないのよ。

オスがメスを求めるのは当たり前のことなんですから、できるだけ多くのオスを集めるのがメスの使命なんです。

だから、多くのオスが集まってくるっていうのは、「メスとして優秀だ」っていうことで、喜ばなきゃいけないわけなんですよ。

吉川　でも、渡辺さんは、先ほど「選ぶ」とおっしゃっていたではないですか。「きれいな人ならいいけど、きれいでない人は嫌だ」と？

渡辺淳一　うんうん。

吉川　ということは、女性にも、選択の権利があると思うのですが。

渡辺淳一　選択の権利がある。うん。しかし、犯《おか》す自由もある。うん。そこに、自由の相克《そうこく》が生まれるね、確かに。

吉川　犯す自由はないと思うのですが。

渡辺淳一　あってあって！

吉川　いや、強姦罪《ごうかんざい》になります。

渡辺淳一　強姦にもっていかれたら、まあ、失敗なわけよ。「強姦じゃないようにもっていくためにはどうするか」っていうと、男は、小説を読んで勉強し、言葉を磨《みが》き、技を磨き、連れていく場所を探し、酒の飲み方から、遊び方からいろんな研究をして、資本を投下して投下して、研究に研究を重ねて、強姦罪にならないようにもっていくのが、結婚なんじゃないか。何言ってんだ。

あの世では自分の体が、ときどき「蛇《へび》」に変化する

高間　それは純粋《じゅんすい》な愛なのでしょうか。

渡辺淳一　それはそうでしょう。それだけの努力を伴うんですから。君たちだって、努力の教えを説いてるでしょう？　ちゃんと。

高間　それは努力ではなく、しつこさではないでしょうか。

渡辺淳一　君、しつこくないか。しつこいだろう？

高間　いえ。

渡辺淳一　まじめな人はみんなしつこいんだよ！

高間　そのしつこさが、今、霊界に還《かえ》られたときに、何か、ご自分の体に変化を与えているということはありませんか。

渡辺淳一　うーん。まあ、変化を与えてるとしたら、ちょっと、舌が長くなったような気がする。うん。肉体的変化として……。

吉川　手はありますか。

渡辺淳一　手はないと困るでしょ！　やっぱり、手がなかったら、あんた……。

吉川　先ほど、ギリシャの彫刻《ちょうこく》とおっしゃっていましたが。

渡辺淳一　あっ、なるほど！（手が）切り落とされてる人はいるっていうことか。

吉川　いえ、ラオコーンの像で、人間にまとわりついているほう（蛇《へび》のこと）ではないですか。

渡辺淳一　（ネクタイをいじりながら）ときどき、このネクタイのような、蛇のような姿みたいな感じになったような気がする……ようなことも、チラッとだけはするけどもね（注。あの世の世界は、心の姿がそのまま自分の姿となって表れる世界であり、生前、執念《しゅうねん》や愛着が強く、情欲のままに生きた人は、邪婬界《じゃいんかい》〔畜生道《ちくしょうどう》〕に

ラオコーン像（ピオ・クレメンティーノ美術館）
トロイアの神官ラオコーンと二人の息子に海蛇が巻きついている。

堕《お》ち、蛇の姿になることがある。『信仰告白の時代』（幸福の科学出版刊）参照）。

高間　例えば、女性を見て「あっ、いいな」と思うと、どういう行動をされるのですか。ぐるーっと巻きつくような感じですか。

渡辺淳一　まず、舌がペロッと出てくるよね、当然。舌が出てペロペロと味見をするよね。これから始まる。そのあとは、ぐるぐると巻く感じが当然出てくるよねえ。

高間　締《し》めつけるわけですね。

渡辺淳一　気持ちいいよね。ぎゅーっと絞《し》め、愛する者を絞め殺す。気持ちいいだろうねえ。

高間　相手は苦痛に悶《もだ》えているのではないでしょうか。

渡辺淳一　それ、喜ぶんじゃない？　食べられる喜びみたいな感じがあるんじゃないか。

高間　巻きついたあとは、どうするんですか。

渡辺淳一　食べるんだろうよ。

高間　頭から？

渡辺淳一　うん。

高間　ガブッと？

渡辺淳一　うん。それは、まあ、〝キリギリス〟のオスとメスみたいなものかもしれないしねえ。いやあ、生殖《せいしょく》っていうのは、だいたいそんなもんだよ。オスは死ぬんだよ。オスは……。あっ、そうか。メスに食べられるんか。

なんでオスがメスを食べるんだろう？　よく分からんなあ。おかしいなあ。でも、アナコンダ的な気持ちからいくと、やっぱ、ぐるぐるに巻きたい気持ちはあるね。

高間　巻きついて締めつけることが、ご自身にとっての快感ですか。

渡辺淳一　快感はあるね。やっぱり、それはあるね。うん。女にも、そういう快感があるみたいだよ。女のほうも、巻きつく快感はやっぱり持ってるから。メスも巻きついてくるから。

オスとメスが同時に巻きつき始めると、螺旋形《らせんけい》ができて、これが、たぶん、遺伝子構造の始まりなんじゃないかなあ？　あの二重螺旋のな？

高間　それは力比べですか？

渡辺淳一　オスとメスが両方要《い》るんだよ、あの螺旋をつくるのに。これが遺伝子の始まりなんだと思う、たぶん、神様のアイデアとしては。

有名女優との噂《うわさ》は「不倫」ではなく〝人間研究〟？

吉川　先ほどおっしゃっていたプールには、そういった蛇のような形の人がたくさんいるのでしょうか。

渡辺淳一　いや、まだね、日が浅いから、私はよくは……。みんなと名刺交換《めいしこうかん》してないから、よく分かんないんですけどねえ。

まあ、とにかく、「VIP《ブイアイピー》が集まってるらしい」っていうことだけは分かる。うん。かなり偉い。

綾織　ＶＩＰというのは、普通の人とは違うのでしょうか。

渡辺淳一　違うんじゃないの？　やっぱり、芸能人や作家、もちろん実業家もいれば、政治家もいるし、宗教家もいるし、いろんな方がいるような気がするけどね。

綾織　ある程度、名前の知られたような人が集まっている？

渡辺淳一　そんなような気がするから、これは、特別専用の高いやつなんじゃないかなあ。会員制サロンだと思う。

綾織　そのなかで、顔を見知った人はいらっしゃいますか。

渡辺淳一　うーん……。君らが知ってるような人で、顔見知りっていったら、どんな人がいるかねえ。そうだねえ、君らが知ってるような人かあ。君らが知ってるような人やったら。どのあたりを言えば、君らは分かるのかなあ？　分からん。
綾織　私たちが知らなくても、世間一般《いっぱん》に知られているような人はいるかと思うのですが。
渡辺淳一　うーん……。いや、瀬戸内寂聴《せとうちじゃくちょう》なんかは入《い》れる気ないよ。
綾織　駄目なんですか。
渡辺淳一　うんうん。それは、もう趣味《しゅみ》じゃないから。よそへ行っていただかねば。
吉川　ご生前、不倫をなさっていたお相手の方とかは？
渡辺淳一　ええ？　不倫なんかしたことありません、私は。私は〝聖者《せいじゃ》〟ですから、そんなこと全然ありません。ええ。
私は、〝人間研究〟をしたことはあっても、不倫はしたことがありません。
吉川　何人かの有名女優さんたちと、少し噂《うわさ》があったようですが。
渡辺淳一　いや、そんなの不倫じゃないでしょう。そんなのは単なる〝研究〟でしょう。
吉川　研究？
渡辺淳一　研究です。それは当然でしょう。まあ、〝演技指導〟もしなきゃいけないしね。まあ、いろいろ、〝人生の道〟を説かな、いかんしさ。やっぱり、「小説の魂《たましい》」を教え込まなきゃいけない。いろいろあるからさ。私から学びたいっていう人は、いっぱいいるんですよ。

7　生前、悪魔《あくま》から指導を受けていた!?

創作の秘訣《ひけつ》は、獲物《えもの》を自由に捕《つか》まえられる自由

高間　確かに、多作ではいらっしゃったので……。

渡辺淳一　そう、だから、インスピレーションのもとが要《い》るの。

高間　その創作力や創作の秘訣《ひけつ》というのは、どんなところにあったのでしょうか。

渡辺淳一　やっぱり、「人との出会い」だよね。縛《しば》られてたら創作はできないですから、自由に解き放って、野原に犬を放すように放さないと、創作はできませんよ。どこでも自由に走っていける自由があれば、創作はできる。獲物《えもの》を自由に捕《つか》まえられる

自由が必要だね。あるいは、空を自由に飛べるような気持ちが大事だね。
この世の中っていうのは、すぐに鎖《くさり》で縛ろうとするから、ここがいけないね。まあ、そのへんを放してくれる飼い主が、やっぱり、うれしいよね。

綾織　蛇《へび》のような体だとするならば、空は飛べず、地を這《は》うしか……。

渡辺淳一　いや、蛇だって、羽が生えてくるかもしらんじゃない、そのうち。

綾織　生えてこないと思います。

渡辺淳一　いや、分からないじゃない。それは分からない。

綾織　地を這っているだけかもしれませんよ。

渡辺淳一　ええ？　君ら、汚《きたな》く描こうとしてんだろうけども、実際、ワインの海で泳ぐと気持ちいいよ。昇天《しょうてん》できる、昇天しそうな感じがする。

「ルシファーも指導してくださったような気はする」

高間　『失楽園』は、一九九五年に、日経新聞に連載《れんさい》されて非常に大きな影響《えいきょう》も与えたのですが。

渡辺淳一　うん、そうなの。

高間　この社会的な影響というのは、今、振り返ってみると、どんな意図があったのでしょうか。

渡辺淳一　私がいかに〝宗教的〟かが分かるでしょう？　『失楽園』ったら、ミルトンの原作の作でね？　あれは堕天使《だてんし》ルシファーの、地上に叩《たた》き落とされた〝あれ〟から出てるわけだからさ。それをあえて世に問うたっていうことだから、ある意味で、君たちの宗教を側面から援助《えんじょ》したんですよ。宗教的正当性を、君たちに与えるために頑張ったんですよ。

高間　そうすると、「これを書け」という、天の声のようなものが聞こえたわけでしょうか。

渡辺淳一　うーん。だからねえ、「こちらを書かないで、神様の教えだけ説く」っていうのは、やっぱり、十分じゃない。両側があって、ちゃんと〝完成〟するんだから。

綾織　そのときは、どなたとコミュニケーションをされていましたか。

渡辺淳一　ええ？　そりゃ、『失楽園』ですから、ミルトンだって、ルシファーだってやってくるでしょうが。当然。

綾織　ミルトンは来ないと思います。

高間　今、名前の出たルシファーという方とお会いになることはあるのでしょうか。

渡辺淳一　いや、まあ、ああいう方は、そりゃあ、お忙《いそが》しいから、そんな簡単にはいらっしゃらないとは思うけども。

まあ、いろんなところで出没《しゅつぼつ》されていらっしゃる。だから、「世界的な大作家や天才のところに現れる」というふうに聞いてますけどね。

綾織　すると、そこまでの天才ではないんですか、渡辺淳一さんは？

ミルトン作『失楽園』の挿画。天国から追放されるルシファーが描かれている。

渡辺淳一　いや、たまに来てくださったような、指導してくださったような気は、ちょっとはありますけどね（注。ルシファーは、キリスト教系の悪魔《あくま》であり、地獄《じごく》の帝《てい》王《おう》の一人。宗教家や思想家など、影響力のある人物に取り憑《つ》いては間違った思想を説かせ、地上の人々を迷わせている。『エクソシスト入門』〔幸福の科学出版刊〕参照）。

綾織　では、ものすごく〝乗って〟いるときには、ルシファーが来たと？

渡辺淳一　うーん。インスピレーションは、やっぱり来てたんでないかなあっていう気はしますけどねえ。

綾織　ああ、なるほど。

芸術には善悪を持ち込まないほうがいい？

高間　作風としては、男女の性愛を非常に赤裸々《せきらら》に描かれているのですが。

渡辺淳一　いやあ、みんな読みたいでしょ？

高間　その元祖は、イギリスのロレンスという小説家で、『チャタレイ夫人の恋人』を書いた……。

渡辺淳一　ああ、なるほど。あの程度でねえ、今、興奮しないもんねえ。

高間　今、あの世に還《かえ》られて、そのへんの方とのご関係もあるのかなという気がするのですが、どうでしょうか。

渡辺淳一　君らもねえ、マスコミに関係があった人間なら分かると思うんだけどさあ。今、『チャタレイ夫人の恋人』なんて、もう読むだけでも古典だから、退屈《たいくつ》でしょうがないと思うんだよな。

あれで事件性があったり、有罪になったりするような時代っての、古いじゃない。これを解放していくのが、言論・出版の自由だったわけで、そのために、戦いがずーっと百年続いてるわけだからさあ（注。一九五〇年、『チャタレイ夫人の恋人』はわいせつ文書に当たるとして、警視庁が摘発《てきはつ》。発行者と翻訳者が起訴《きそ》され、五七年、最高裁で有罪判決が下された）。

そこで今、堂々といろんなものを出せるところに、もうちょっとまで来てるけど、まだアメリカまでは、いってないよね。

日本の（映像などの）塗《ぬ》り潰《つぶ》しとか見たり、光ってるのを見たら、もう彼らは笑ってるよ。（雑誌の）袋《ふくろ》とじを見ても笑ってると思うけどさあ。

だから、やっぱりねえ、もう、完全な〝表現の自由〟っていうのは大事なことなんじゃないかなあ。

高間　その戦いを一貫《いっかん》して指導・指揮してきた人がいるわけでしょうか。

渡辺淳一　うーん、まあ、かなり、人数的にはいると思うなあ。そんなに少ない人数ではないね。

高間　その戦いの一翼《いちよく》を担われてきたということでしょうか。

渡辺淳一　誰が？

高間　「渡辺さんが」です。

渡辺淳一　うーん……、そうだね。だから、芸術って……。

高間　まあ、アメリカでも性の解放とかいろいろありましたけれども。

渡辺淳一　芸術に関しては、あんまり善悪を持ち込まないほうがいいんですよ、芸術はね。うーん。善悪で判断したら、どっちかといえば……、そりゃあ、宗教的に善悪で見たら、「悪《あく》」と判定されるものは、漫画《まんが》であろうが、小説であろうが、映画であろうと、多いんじゃないんですか、現実には。

「ルシファーもイエスも〝一緒〟」という邪見《じゃけん》

綾織　渡辺さんは、『鈍感力《どんかんりょく》』という本も書かれていますが、その鈍感力の意味というのは、善悪に対する鈍感力ですか。

渡辺淳一　これさえあれば、人間はそう簡単に傷つかないで済むから、亀《かめ》の甲羅《こうら》みたいなもんだねえ、一種の。これさえあれば生き抜ける。
　君らも鈍感じゃないと駄目《だめ》だよ。敏感《びんかん》すぎると、人は自殺したり、気に病《や》んで病気になったり、人生を儚《はかな》んだり、あるいは、カーッときて怒《おこ》って相手を刺《さ》し殺したり、離婚《りこん》になったり、いろいろすることがあるから、もっと鈍感にならなきゃいけないと思うなあ。

高間　ただ、シェークスピアの悲劇は、「苦しみのどん底にあるときに、神がすぐそばにいる」ということを描いていると思うのです。それも芸術ではないでしょうか。

渡辺淳一　その神っていうのは、私のことなんじゃないか。

高間　いや、それはイエス・キリストだと思います。

渡辺淳一　いやあ、キリストと私は、ほとんど〝一心同体〟だからね。

高間　お会いになられたのですか。

渡辺淳一　もう私がキリストの生まれ変わりみたいなもんだから、ほとんど。〝愛の教え〟を説いてるんですから。

高間　イエスが来られたりしたのでしょうか。

渡辺淳一　〝愛の教え〟を広めてるんですから。愛の具体化をやってるのは、私なんですから。ええ。

高間　イエスの説いた愛は、「まず神を愛しなさい」ということから始まるのですが。

渡辺淳一　そんな「かみ」ったって、「紙」と「原稿用紙《げんこう》」は愛してましたけども、「神」ったって、そんなの抽象的《ちゅうしょうてき》じゃないですか。やっぱ、神を愛する代わりに、具体的な汝《なんじ》の隣人《りんじん》を愛するんでしょう？　それがキリスト教の教義ですから。

高間　いえいえ、そうではなくて、神を愛する証として、隣人を愛するのです。

渡辺淳一　汝の隣人を愛することによって、神を愛していることを証明するんですよ。「神を愛する」ったって分かんないからね。

隣人を愛する。隣人とは何か。それはもう、手当たり次第に近くにいる人を愛していくことですよ。うん。

綾織　あなたご自身は、神様の存在について理解されていますか。

渡辺淳一　神は……、もう私の信仰は深いです。そりゃあ、深い深い。

綾織　それはどういう信仰ですか。

渡辺淳一　海よりも深い。

綾織　どういう信仰なんですか。

渡辺淳一　だから、もう愛の神に仕《つか》えてるんだから。

綾織　愛の神……。

渡辺淳一　君たちの神に〝そっくり〟だろう？　〝一緒〟だろう？　愛の神に仕えるんだから。

綾織　その愛の神というのは、いろいろな導きを与えてくれている、ルシファーという方ですか。

渡辺淳一　うん、だから……。いやあ、ルシファーもイエスも〝一緒〟よ。ほとんど一緒。愛の神なんだよ、両方とも。

導きを与えてくれた存在に「覚鑁《かくばん》」もいる

綾織　そのほかに、日本の関係で、そういう導きを与えてくれている方はいますか。

渡辺淳一　そりゃあ、覚鑁《かくばん》とかでしょう？（注。覚鑁は、平安時代後期の密教僧《みっきょうそう》であり、死後、地獄に堕ち、現在、悪魔として密教系の邪教団《じゃきょうだん》を支配している。『エクソシスト入門』参照）

綾織　はあ。

渡辺淳一　そうなんでしょう？　だから、真言《しんごん》密教のなかにもあるし、浄土真宗《じょうどしんしゅう》のなかにもあるし、ねえ？

綾織　うーん。

『エクソシスト入門』
（幸福の科学出版刊）

渡辺淳一　浄土宗・念仏の霊界もあれば、真言宗のなかの●立川流《たちかわりゅう》なんていうのにも、エロスを強調する教えがあるし、ほかにもあるよなあ？

綾織　はい、はい。

渡辺淳一　ほかの宗教にもあるし、西洋にもあるし、いっぱいあると思うから、宗教にも深い縁《えん》はあるね。

人間は高みを目指すから失敗する？

高間　今、世の中は、「紙」から「映像」に移り変わっておりまして……。

渡辺淳一　うん、そうそう、そうそうそう。

●真言立川流　鎌倉時代に真言宗から派生した密教の一派。性欲を積極的に肯定することから異端として弾圧され、江戸時代に断絶。

高間　やはり性愛小説からアダルトビデオのほうに変わってきているのですが、〝天上界〟から見られて……、あっ、いや、「霊界」から見られて……。

渡辺淳一　ちょっと、（高間を指して）なんで言い換《か》えるの？　なんで言い換えたあ？

（会場笑）

高間　「まだ日が浅い」とおっしゃったので……。

渡辺淳一　人にそういう予断《よだん》を入れたらいけない。

高間　「日が浅い」とおっしゃったので、「霊界」と言い換えたのです。

渡辺淳一　うーん、まあ、いいや。

高間　今、レンタルビデオ屋さんの収益源の一つは、アダルトビデオだったりするのですが。

渡辺淳一　やっぱ、君、漁《あさ》ってるんだなあ、いろいろと。ええ？

高間　いや、私は、この信仰に出合ってから、足を洗いました（笑）（会場笑）。

渡辺淳一　ふーん？

高間　話を戻《もど》しますが、今、若い人たちを取り巻く「性」の環境《かんきょう》が変わってきており、いやらしいものが手頃に手に入るようになっています。

渡辺淳一　いいんじゃない？　いいんじゃない？　で、鈍感力をつければいいんだよ。鈍感力をつければ。

高間　あの世から見ると、かなり指導も入っているのでしょうか。

渡辺淳一　「鈍感力」や「下山《げざん》の思想」は、みんな、あの世の指導はあると思うよ。ちゃんと。

やっぱ、人間はねえ、高みを目指すから失敗するんであって、そうじゃなくて、亀のごとく……、いや、ここ（幸福の科学）も「亀のごとく生きよ」とよく教えてるでしょ？　だから、甲羅をつけて、「感じない」ようにする。そして、倫理《りんり》だとか、裁判だの、法律だの、そういうもので自分を苦しめるようなことなく、強く生きていくこと。まあ、ある意味では、ニーチェの変化形だな。これは、現代的な超人《ちょうじん》思想だ。

綾織　今、「下山の思想」とおっしゃいましたが。

渡辺淳一　ああ、言っちゃったか。参ったな。

綾織　では、『下山の思想』を書いた五木寛之《いつきひろゆき》さんも、非常に近い……。

渡辺淳一　でも、彼はちょっと暗いよね。暗いから、俺《おれ》みたいな〝明るい世界〟には来れないかもしれない。〝明るく楽しい世界〟だから、俺のは。

綾織　親しくされている状態ではないんですか。

渡辺淳一　知ってはいるけども、暗いでしょう? 基本的に。考え方が。

綾織　はい。

渡辺淳一　あれは、暗い地獄を目指すだろうと思うけども、僕《ぼく》は〝明るい世界〟に生きてるから、〝非常に陽気な世界〟ですから、全然違うね。

●五木寛之（1932～）作家。著書『下山の思想』で、日本の成長を登山にたとえて、「これからは下りに入る」という思想を述べた。

（高間に）君が「天上界」って言うだけのことはあるよ。

高間　あれは失言だったと思いますので、撤回《てっかい》いたします。

善悪を否定し、「天国・地獄はない」と言い張る

綾織　素朴《そぼく》な疑問があります。「あなたの体は、おそらく大きな蛇のようになっているだろう」ということは理解できたのですが。

渡辺淳一　いやいや、そんなことはない。
そりゃまあ、たまに楽しむとき、そういうこともあるかもしれないということだ。

綾織　楽しむときは、そうだと思います。ただ、先ほどは、オスとメスの話のところで、「肉体が大事だ」という感じのことを言われました。そうした動物的な感覚を持たれていながら、今は、霊としての意識も持たれているというのは、ちょっと……。

渡辺淳一　いやあ、それは〝神〟だからね。

綾織　なぜ、そのように両方あるのでしょうか。

渡辺淳一　まあ、肉体って……、だから、医者は、肉体が仕事だからね。しょうがないじゃない。肉体なくして、医者は仕事がない。宗教家はあるかもしらんけど、医者は、肉体がなかったら仕事はない。もう終わったので、死体安置室《あんちしつ》に行って終わりだな。そりゃあ霊安室《れいあんしつ》だよ。

綾織　性欲の世界は苦しみだと思いますが、あなたは、それを苦しみとして描いているわけではありません。つまり、確信犯的に、性欲の世界を広げようとしている、ある種の教祖的な位置づけですかね？

渡辺淳一　いや、これはねえ、考え方によって、苦しみにもなれば、幸福にもなるわけよ。

だから、あなたがたの教えのとおり、考え方によって、これを幸福の世界に変えようと努力してるわけですよ。

勝手に苦しみをつくらないように、考え方で幸福の世界に連れていく。これが大事なことだね。亀のごとく鈍感になれば、幸福になれるんですよ。

君たちの仕事とまったく〝一緒〟。〝ドンピシャ〟じゃない。

綾織　いえ、全然、逆だと思います。

渡辺淳一　いや、ほんとに、あんまりにも似てるので、驚《おどろ》いてるのよ。思想が。うん。

綾織　「鈍感にならずに善悪を分ける」という考え方ですので、全然違います。

渡辺淳一　いやあ、そういう、「善悪を分ける」っていう考えが、天使仲間を切り裂《さ》いて、地獄に叩き落とすような、仲間割れを起こすもとになる。そういう潔癖症《けっぺきしょう》はやめたほうがいい。

それはね、もう〝病気〟なんだ。一種の〝精神病〟なんだから、そういう潔癖症ってのは。

だから、天使には、〝病気が多い〟んだよ。だいたい、高機能……、アスペルガー症候群ってのは、だいたい天使たちなので、いわゆる、そういう潔癖なんですよね。道徳に対してすごく潔癖で、相手を裁《さば》く癖がある。そして、自分の正しさを主張する。君たちのなかには、いっぱいいるはずだから、そういう人は。こういう人たちは、だいたい相手を突き落として、地獄の底に落とすんですよ。裁いて、裁いて、満足する。

綾織　地獄に行く場合は、自分の良心に基づいて自分を裁いて、行くことになります。

渡辺淳一　それねえ、一種の〝精神病〟だから、早く治したほうがいいよ。

綾織　天国と地獄を分けないで……。

渡辺淳一　いや、天国・地獄なんてなくて、一緒のもんなんだよ。

綾織　一緒のもの？

渡辺淳一　もともと一緒のもので……。

綾織　混ざり合うものになっていると？

渡辺淳一　山と海と、どっちが尊いかなんて、そんなねえ。海抜《かいばつ》は山のほうが高いのは分かってるけど、「山と海はどっちが尊いか」なんて、そんなものは決められるもんじゃあ……。われわれが住んでるのは海の世界だとしても、「山のほうが幸福だ」

なんて、そんなことは決めつけるもんじゃない。

綾織　「山も海もぐちゃぐちゃになるのがいい」ということですね。

渡辺淳一　そりゃあもう、造物主が創ったものは全部一緒なんです。

今は前立腺《ぜんりつせん》ガンの痛みはなく、回復している

高間　『失楽園』は、二百五十万部という大ベストセラーになりまして……。

渡辺淳一　うらやましいかい？　うらやましいかい？

高間　それを、よく読んでいる方はいらっしゃいますし、繰《く》り返し読んでいる方もいらっしゃると思うのですが。

渡辺淳一　（吉川を指して）君、ちゃんと売れよ？　いい本をつくって。いい挿絵《さしえ》を描《か》いて。君、（モデルのようにポージングしながら）写真をいっぱい撮《と》って、絵を描かせなさい。

吉川　いえいえ、私のは撮ってもしょうがないと思います。

高間　渡辺さんの本を読み込んだ人は、あの世ではどんなふうになりますかね？

渡辺淳一　読み込んだら、みなさん、〝神様〟になれるんじゃないですか。

高間　どんな生活が待っているのでしょう？

渡辺淳一　あらゆるものに幸福を感じるようになる。それが〝神様〟なんだよ。幸福で幸福で仕方がないから、その幸福をみんなに分けてあげたくなる。

高間　実際の生活としては、やはり、まずプールのほうに招待されるわけですよね。

渡辺淳一　プールはＶＩＰ《ヴイアイピー》用だから、私みたいに、褒章《ほうしょう》などをもらわないと。普通の人と一緒に泳ぎませんからね。やっぱり別ですけど。まあ、そのクラスまでいくと、ちょっと別だ。ほかにまだ、いっぱいあるんじゃないの？　安いのが。

吉川　ちなみに、お亡くなりになられたとき、前立腺《ぜんりつせん》ガンになられていたと思うのですが。

渡辺淳一　（舌打ち）嫌《いや》なところを言うな。君、医者かよ。

吉川　痛みは、今はもうないんですか。

渡辺淳一　まあ、場所が悪いね、ちょっとなあ。何となく場所が悪い。なんか嫌なとこだな。でも、天皇陛下もそのへんが悪いらしいから、私だけの責任じゃないね。因《いん》果応報《がおうほう》っていうわけではない。天皇陛下は、私の世界には生きていらっしゃらないはずだから、因果応報っていうわけでは……。たまたま年取りゃ、いろんな病気が出るんだよ。

吉川　今は、もう痛くないんですか。

渡辺淳一　今？　今はねえ、なんか、もう元気回復して、いろんな人が、仙人《せんにん》の薬と称《しょう》して、いっぱい持ってきてくれてさあ。「これがスッポンの粉です」「これはマムシの粉です」「これは何とかの……」と言って、精力がつくものをいっぱい持ってきてくれる。

私はねえ、もう、ほんといろんな人に愛されてる。たぶん、〝信者〟の読者だろうね。そういう人が、私に精力がつくものをいっぱい持ってきてくれるからね。

昨日か一昨日かに出た、江副《えぞえ》何とかみたいな、ヘニャッとなった、もう立たない男と違って、私は元気いっぱいなのよ（注。本霊言収録の二日前、五月九日に「リクルート事件 失われた日本経済20年の謎《なぞ》――江副元会長の霊言」を収録した）。

8 過去世《かこぜ》と今後の〝抱負《ほうふ》〟を語る

「世界に対して、新しい倫理観《りんりかん》を打ち立てなくてはいけない」

高間　その元気で何をなさっていますか。

渡辺淳一　これから新天地を開拓《かいたく》しようと、今、思っとる。

綾織　どこに行きますか。

渡辺淳一　だから、新しい〝エロスの神〟として、やっぱり、世界に対して、「新しい倫理観《りんりかん》」を打ち立てなくてはいけない。

綾織　それで、何をされますか。

渡辺淳一　今ここに、鮮《あざ》やかに復活を果たしたわけですから、幸福の科学も〝征服《せいふく》〟したわけですよ。

綾織　征服はしていませんけれども、今後、何をされますか。

渡辺淳一　いやあ、（吉川を指して）こういう人をね、堅《かた》そうに見せてる人を、裸踊《はだかおど》りできるぐらいまで、緩《ゆる》くしてやらないといけない。それが幸福への道だから。

綾織　マスコミにそういう影響《えいきょう》を与えていく？

渡辺淳一　マスコミに影響も与えてますよ。私らのは〝自民党〟で、君らのは〝社民党〟なんだから、何言ってるんですか。もうはっきりと力の差があるんですから。こっちは〝自民党〟なんですから、メジャーなんです。私のほうがメジャーなの。

綾織　「今後の仕事として、具体的にこれをやっていきたい」ということはありますか。地上でこういうふうに頑張っていきたいという……。

渡辺淳一　うーん、世界文学のもとになるような構想を練《ね》っていきたいなあと思っては……。

綾織　それを誰かにインスピレーションとして降ろすと？

渡辺淳一　よき後継者《こうけいしゃ》を探せたらね。それに着想を与えて。まあ、日本人でも、そういう偉大《いだい》な人は出てもいいんじゃないかなあ、そろそろ。

綾織　今、想定されているような人はいますか。

渡辺淳一　そうだねえ、大川隆法さんも、もうそろそろ、この仕事は飽《あ》きただろうからさあ、小説家に転身したらどうかねえ。

綾織　いやいや、まったく関わらないでいただきたいです。

渡辺淳一　そしたら、私が完全にインスピレーションを降ろして、ダーッと大河《たいが》小説を書くね。うん。

綾織　まったく交《まじ》わりません。

「過去世《かこぜ》はミルトン」とうそぶく渡辺氏

綾織　渡辺さんは、文学を通じて、いろいろな影響を多く与えてこられた方ですので、おそらく過去世《かこぜ》においても、そういう仕事をされてきたのかなと思うのですが、参考のために、もし明らかにできるところがあれば、教えていただければと思います。

渡辺淳一　いや、まあ、ちょっと日が浅いので、まだよくは分からんのだよ。そういうのを訊《き》かれても、ちょっと、よく分からんのだけども、まあ、作家だから、そういう意味では、今いちばん……、「たぶん、わしがミルトンの生まれ変わりなんじゃないかな」っていう気はちょっとするんだよな。『失楽園』と同じ（タイトルの）本を書いてるからさあ。どうだろう?

高間　ミルトンは、ピューリタン（清教徒）で敬虔《けいけん》な信仰者ですから、違うと思います。

渡辺淳一　うん?　いや、私も〝ピューリタン〟ですよ。私も〝熱心なピューリタン〟で、医学部で勉強して、人を治そうと一生懸命《いっしょうけんめい》尽くした人ですからね。日経新聞は、私を認めて連載《れんさい》させたんですから。まあ、〝ピューリタン〟ですよ。

綾織　特に明かすところがなければ、もう終わりたいです。

渡辺淳一　あっ、君、冷たいね。

綾織　いえいえ。

渡辺淳一　君、招待しないよ？

綾織　ありがとうございます。それでオッケーです。

渡辺淳一　ふーん。

綾織　何の問題もありません。

渡辺淳一　ああ、そう。

渡辺氏の本は、アヘンに代わる、〝健全な麻薬《まやく》〟？

高間　最後に、読者《どくしゃ》へのメッセージを頂いて終わりにしませんか。

渡辺淳一　毒蛇《どくじゃ》？　え？　読者へのメ……。

高間　毒蛇でもいいです（笑）。毒蛇からのメッセージでもいいです。

渡辺淳一　いや、ごめん。

読者へのメッセージはですねえ、「大川隆法さんの本を読んで疲《つか》れたら、私の本を読みなさい」。うん。

高間　どんなメリットがありますか。

渡辺淳一　そうすると、自分を反省したり、いじめたりする気持ちがなくなって、もう一回、復活する気力が湧《わ》いてくるから。

綾織　鈍感《どんかん》になってくるわけですね。

渡辺淳一　大川さんの本を読んでたら、「なんか、自分は悪いことをしたんじゃないかな」と、いろいろ気に病《や》む人がいて、精舎《しょうじゃ》（幸福の科学の研修施設《しせつ》）に泊《と》まって、反省いっぱいしたり、祈願《きがん》したりして、ちょっとかわいそうだから、〝解放〟してやりたいなと思うんだよな。

「自由の創設」と言いながら、反省させるでしょ？　それはそれで矛盾《むじゅん》があるから。徹底《てってい》しなきゃ。思想は徹底しなきゃいけないんだよ。

だから、「幸福の科学に名前を書いて入会して、お金を払《はら》えば、あとは何しても天上界に還《かえ》れる」と。これが完璧《かんぺき》な思想なんですよ。こういうふうに思想を持たなければいけない。

綾織　神に近づくことが、本来、自由になることですので、あなたの考えはまったく逆です。

渡辺淳一　〝神〟ったって、呼んできてみなさいよ。私以上の〝神〟がどこにいるか、引っ張ってきなさいよ。私が〝神〟なんだからな。

綾織　あなたの認識はよく分かりました。

渡辺淳一　まあ、君たちの映画が評判にならず、君たちの小説……、小説はないんか。ま、本がそんなに大したベストセラーにもならないっていうのは、世の中が〝健全〟である証拠《しょうこ》なんですよ、ある意味でね。

君らが流行《はや》ると、これは消毒薬みたいなもんだから、世の中から楽しみが消えていくんだよ。バブルが消えてねえ。景気が冷え込んだのは、君たちのせいなんじゃないか。

綾織　いや、そんなことはありません。

渡辺淳一　私は、バブルが発生して、資本主義の原理で、出版社はガンガン儲《もう》かる路線だからな、基本的にね。私みたいなのを禁じたら、商売繁盛《はんじょう》しなくなって、出版業界も潰《つぶ》れていく。

綾織　資本主義の精神には、基本的には禁欲的なところがありますので、逆だと思います。

渡辺淳一　うん？　（吉川に）君、座ってるだけで、面白くないな。なんか、もうちょっと芸をやれよ。なんで、いるんだよ、ええ？

吉川　はい……。

渡辺淳一　なんか楽しましてくれよ（机を叩《たた》く）。

綾織　もう、おっしゃりたいことがなければ、そろそろ……。

渡辺淳一　え？　（吉川に）あなた、スカートをはいてるだけだろ。

綾織　女性ですので。

渡辺淳一　何の違いがあるんだよ。そんなもん、スカートをはいてるか、ズボンをはいてるかだけの違いだよ。こんなんでもう、あなたねえ、男女を分けたように、セクハラだの、いじめられても追いかけるストーカーだの、犯罪だの、そんなのは、もう完全な妄想《もうそう》世界にみんな生きてるのよ。そんなもん、ないんだよ。一切ないんだよ。「一切罪《つみ》なし」なんだよ。

綾織　罪なし？

渡辺淳一　許すんだよ。私は〝許しの神〟なんだよ。〝慈悲《じひ》の神〟なんだよ。私は〝阿弥陀仏《あみだぶつ》〟なんだよ。実に。うん。

綾織　「善悪もなし」ということですね？

渡辺淳一　うん、ないない。そんなようなことは、考えるだけで、みんな〝神経症《しんけいしょう》〟にかかってんの。

これはやっぱりねえ、アヘンはまあ、あれかもしれないけど、アヘンに代わるものとして、麻薬に代わるものとして、小説があるわけよ。〝健全な麻薬〟なんですよ。麻薬はちょっと体に害を及《およ》ぼす場合もあるから、小説で……。

浄土真宗《じょうどしんしゅう》の尼《あま》だった過去世がある？

綾織　過去世では、宗教家の経験もありますか。浄土真宗《じょうどしんしゅう》とか？

渡辺淳一　もう、それは、あってあってだろう。ああ？　そらそうでしょう。

綾織　冗談《じょうだん》ではなくて、真剣《しんけん》に訊きたいのですが、浄土真宗系で、何か仕事をされたことがありますか。

渡辺淳一　いやあ、浄土真宗系の人なんか、いっぱい寄ってきてますよ。浄土真宗系の僧侶《そうりょ》や作家なんていう人は、やっぱりいますよ。明治以降でも、たくさんいる。そういう人なんかは、けっこう近所でウロウロしてますよ。

綾織　過去世で、そういう経験もされましたか。浄土真宗で、教えを広めたとか?

渡辺淳一　まあ、ないわけではないねえ。

綾織　そうですか。

渡辺淳一　うん。ないわけではない。

綾織　親鸞《しんらん》さんと関わりがあるようなところですか。

渡辺淳一　まあ、男だったとは限らないけどね。

綾織　女性で?

渡辺淳一　うん、うん。

綾織　ほお。尼《あま》さんで？

渡辺淳一　いや、あるいは、その救世観音《くせかんのん》かもしれない。

綾織　いえいえ、違うと思います。

渡辺淳一　「あなたに犯《おか》されてあげましょう」と、（親鸞の）夢に出たほうかもしれないよね（注。親鸞は、京都・六角堂《ろっかくどう》に籠《こ》もって修行《しゅぎょう》しているとき、夢のなかに救世観音が現れ、「私が玉女《ぎょくにょ》となっておまえに抱《だ》かれてあげる」という霊告《れいこく》を受けたと言われている）。

六角堂内の「親鸞堂」には、女犯《にょぼん》の夢告《むこく》を聞く親鸞の像（「夢想之像」）が安置されている。

綾織　まあ、地上で、そういうかたちの仕事を何かされたということですか。

渡辺淳一　まあ、宗教にも関係があった場合もあります。それはある。

「人間を解放したい」と繰り返し主張

渡辺淳一　やっぱり宗教はね、きつくなりすぎるの。人間が、戒律《かいりつ》をだんだん増やしていくからね。

人間が考えて（戒律を）つくっていくから、拘束《こうそく》が増えていくような感じで、人間の自由性を失わせるんですよね。それを、ときどき改革して、解放してやらなきゃいけない。だから、ときどき、ぶち壊《こわ》し運動って起きるのよね。それは救済のためにやってるのでね。

綾織　救済ではないと思います。ある種の堕落《だらく》です。

渡辺淳一　堕落？　神様の創られた世界に堕落なんてないですよ。

高間　しかし、神は悔《く》い改めを説くわけですから……。

渡辺淳一　いや、そういう神様は〝小さい〟んですよ。

高間　いや、どの宗教も悔い改めは説いていますよ。

渡辺淳一　小学校の先生ぐらいのレベルなんですよ。

高間　すべての宗教に反省はあります。

渡辺淳一　反省なんていうのはねえ、やっぱり……。

高間　渡辺さんは人生で反省をしなかったために、今、あの世で、そのような惨《みじ》めな姿になっているのではないですか。

渡辺淳一　あるがままの人生をねえ、そのまま丸ごと認めるのが、神の偉大な〝慈悲〟なんですよ。

高間　いや、それは堕落です。

綾織　あなたの言う、「あるがまま」というのは、本当は「不自由」なんですよ。

渡辺淳一　君たちはね、渡辺淳一と渡部昇一《わたなべしょういち》を間違ってるところがいけない。

綾織　もう完全に違います（苦笑）。

●渡部昇一（1930～）上智大学名誉教授。専門の英語学のほか、保守系言論人として幅広い評論活動を行う。『英文法史』『知的生活の方法』等、著作多数。

渡辺淳一　だからね、信者に「渡部昇一なんて読まず、渡辺淳一を読みなさい」と言うことが、〝解放の神学《しんがく》〟なんですよ。

綾織　あなたの自己主張はよく分かりました。それがメッセージだと受け止めます。はい。

渡辺淳一　ほとんど大川さんと思想は一緒だったでしょ？

綾織　違います。

渡辺淳一　具体性を与えて、科学性を与えたのは、私……というか、理性的な教えでしょ？

綾織　結果的には、不自由の哲学《てつがく》になると思います。

渡辺淳一　そうかね。私は、もうすっごく楽しくて、すっごくハイな感じで、力がみなぎってきて、バイアグラをいっぱい飲んでるような気分がするから。

これって、やっぱり〝天上界〟の頂点だよね。

綾織　今日は、『「失楽園」のその後』というタイトルで、サブタイトルの「痴の虚《ちきょ》人《じん》」というのは、「知の巨人《きょじん》」ではなく、痴呆《ちほう》の「痴」に、虚実《きょじつ》の「虚」ですよね？

渡辺淳一　いやあ、これは冗談で私《わたくし》が名づけた名前（タイトル）であるので、このジョークが分かってくれるのが、まともな人間だと思うんだけど。

「いやあ、謙遜《けんそん》してるんだなあ。渡辺先生は謙遜家だからなあ」と思ってくれると思ったんですけどねえ。

綾織　それは読者の判断にお任せすればいいと思います。

渡辺淳一　ほんとは普通の「知の巨人」でもよかったんですけども、わざと遠慮《えんりょ》して……。ええ。●谷崎潤一郎《たにざきじゅんいちろう》なんかも、『痴人《ちじん》の愛』とかあるからね。まあ、わざと自分を謙遜して言ってるだけだからね。うーん。

綾織　今後も、ぜひ……。

渡辺淳一　指導霊に入ってほしいかい？　けっこう距離《きょり》は近いと思うんだけどな。

綾織　いえいえ。そろそろ終わりにしたいので……。ありがとうございます。

渡辺淳一　すっきりした？　気持ちよくなった？　罪が許されて、もう気持ちが……。

●谷崎潤一郎（1886〜1965）小説家。東京帝大国文科中退。『痴人の愛』『春琴抄』『細雪』等、耽美的な作品を多数発表。また、『源氏物語』の現代語訳も行った。

綾織　〝すっきり〟されたと思います。

渡辺淳一　やっぱりねえ、〝テルマエ〟に来たまえ、すっきりするから。

綾織　漫画のテルマエはいいかもしれません。

渡辺淳一　ああ、垢《あか》を落としてね。
この世の罪の意識なんて、みんなインチキなんだから、基本的に全部捨てなきゃ駄《だ》目《め》ですよ。
人々を自由にしてやる。ほんといい政党だよね、幸福実現党って。

綾織　私たちは、あなたとは全然違う自由を求めています。

渡辺淳一　ああ、そうですか。なんかねえ、うーん……。

綾織　はい、ありがとうございます。よく分かりました。はい。

渡辺淳一　私、よく分からないんですけど。

綾織　あなたの、不自由のほうに向かっていく考え方は、よく分かりました。

大勢の人から認められれば「善」なのか

渡辺淳一　（吉川を指して）あんた、もうちょっと分かるように言ってよ。何が分かったのよ。

吉川　〝楽しい世界〟にいらっしゃるということは、よく分かりました。

渡辺淳一　じゃあ、なぜ、私（の本）がベストセラーになったか、理由を説明してください よ。

なんか、あなたがた、すごく嫌《いや》な感じするけど。なぜ、あなたがたのものはそんなに売れないで、雑誌も売れないで、なぜ、私の（小説）は日経新聞に連載されて、みんなにワーッと人気が出て、テレビにも映画にも出るのよ。

高間　この世では、みんな肉体を持っていますから、肉体の欲情に引かれて行動しがちなだけなんですよ。

渡辺淳一　ふーん。

高間　それが、あなたの小説がヒットしている理由です。

渡辺淳一　世間は、私に直木賞だの、紫綬褒章《しじゅほうしょう》だの、菊池寛《きくちかん》賞だの、いろんな賞を出して、それがあって当然だと思ってるんですよ。宗教なんていうのは、まったく相手にもしないでしょう？　だから、これ（勲章や賞）で善悪の基準がはっきりしてるんです。

高間　それは、「今」しか見ていないからで、百年後、二百年後には逆転していますよ。

渡辺淳一　いや、そうかなあ。

高間　天国への道は狭《せま》いのです。欲情や女も全部捨てて、神を求めていくことが大事です。

渡辺淳一　（高間を指して）あっ、君ね、それ、セクハラ。完全にセクハラ！　もう駄目。隣《となり》に女がいるのに、「女を連れていけない」なんて、そんな……。

高間　いやいや、求道心《ぐどうしん》というのは、そういうことです。

渡辺淳一　天国に入れないなんて、それは女人差別《にょにんさべつ》です。百年前ですよ、もう。

高間　「欲情にとらわれていたら、天国に入れない」ということです。

渡辺淳一　欲情……。浴場は、まあ、それはお風呂《ふろ》に入ってたら、天国に入れないかもしれないけども。

高間　肉体にこだわっている限り、天上界には入れないんですよ。

渡辺淳一　そんなことはない。肉体も、幸福のもとなんですよ。幸福の半分以上は、肉体からくるんだから。

高間　それは半分正しいと思いますが、肉体はどこかで捨てないといけないのです。

渡辺淳一　うーん。

高間　どこかで、神の世界に近づいていかなければいけません。

渡辺淳一　そうかなあ。

高間　それがいつ分かるのかは分かりませんが、その日が来ることを願っています。

渡辺淳一　まあ、わしだって、あとノーベル賞も一つ付けば、言うことなかったんだけどなあ。

高間　大江《おおえ》健三郎《けんざぶろう》さんのように、ノーベル賞をもらっても地獄《じごく》に行く可能性の高い人はたくさんいますので、そのような名誉《めいよ》は関係ありません。

渡辺淳一　だけど、「大勢の人が認めた」っていうことでしょう?

高間　大勢の人が認めても、間違いは間違いです。

渡辺淳一　民主主義と一緒なんだよ。

高間　民主主義は衆愚制《しゅうぐせい》とも言います。本当の正しさは、神の正しさなのです。

渡辺淳一　君らには、勲章はたぶん出ないと思うんだ、私ね。だから、世間から〝悪〟

『大江健三郎に「脱原発」の核心を問う』(幸福の科学出版刊)で、大江健三郎氏の守護霊は霊としての自覚がなく、同氏は死後の世界を信じておらず、無明のなかを生きていることが判明した。

だと思われてるんだ、きっと。

高間　いや、本当の勲章というのは、あの世に還ったときに、神から与えられる冠《かんむり》のことだと思います。

渡辺淳一　そうですかねえ。

悪名高いローマ皇帝《こうてい》のカリギュラは、遊び仲間？

綾織　先ほど、「カリギュラ」と一言言いましたが、関係はありますか。

渡辺淳一　あるよ。うん。知ってる。知ってる。

綾織　あなたご自身だったりする？

渡辺淳一　いや、「わしだ」と言いたいんだけどね。

綾織　そこまでは言えない？

渡辺淳一　言いたいけど、まあ、あんなに〝偉く〟はない（注。ローマ帝国《ていこく》第三代皇《こう》帝《てい》であったカリギュラは、残忍《ざんにん》で、浪費癖《ろうひぐせ》や性的倒錯《とうさく》を持つ独裁者であったと伝えられる）。やっぱり、ちょっと落ちるね。

綾織　ああ、そうですか。

渡辺淳一　まあ、遊び仲間であったことは間違いない。

綾織　なるほど。渡辺先生の実態がよく分かりましたので、ありがとうございました。

高間　よく反省をして、一度、心のなかで悔い改めをしてみていただいて……。

渡辺淳一　いやいや、何を言う。説教するか。僕《ぼく》は、君たちの応援《おうえん》に来たんだよ。

高間　いえいえ。

渡辺淳一　君たち、お金に苦労してるから、私の読者に一応買わしてやろうと思って、応援に来たんだからさあ。

綾織　それについては、ありがとうございます。ぜひ、渡辺先生の愛読者の方々に、「この実際の姿というものを知っていただく」という意味で、たくさん買っていただきたいと思います。

マスコミがこの世の善悪を決める?

渡辺淳一　宗教にはねえ、宗教裁判とか、異端《いたん》裁判とか、魔女狩《まじょが》りとか、火あぶりとか、いろんなことして、人間を苦しめてる部分もあるんだからね?

綾織　そういう歴史もあることは理解しています。

渡辺淳一　だから、相打《あいう》ちなんだよ、ある意味ではねえ。私(の小説)は、ある意味、そういう悪い宗教から救うための文学でもあるわけだからさあ。

高間　いや、よい宗教もありますし、よい宗教はすべて、反省を説きますので、まず反省をされてはいかがでしょうか。

渡辺淳一　マスコミ全体が宗教をなかなか認めないじゃない、やっぱりねえ。なかなか。記事も出ないでしょう？

高間　いや、それは忍耐《にんたい》です。

渡辺淳一　ニュースも出ない。

高間　徐々《じょじょ》に認められてきています。

渡辺淳一　マスコミは今、この世の善悪を決めているからね。そう言ってもね。

高間　でも、あの世の善悪が本当の善悪ですから。

渡辺淳一　まあ、死んだときが勝負だから。大川さんが死んだときの扱《あつか》いは、私の扱いと比べてどうなのか、見てみたいですなあ。

高間　いやいや、死んだときの扱いでは決まりません。

渡辺淳一　そうお？

高間　イエスのように惨めな死に方をされても、あとで大いなるものとなることもあります。

渡辺淳一　ふーん。まあ、渡辺淳一のほうが、渡部昇一より偉いと私は思うけどねえ！

高間　そう思っているのは、あなたお一人だと思いますよ。

渡辺淳一　いやあ、やっぱり嫉妬《しっと》してるんじゃないかなあ？　私なんかに。

高間　やはり、あなたは、「自分は肉体にとらわれて、それしか見えなかった惨めな人間だった」ということに気がつかれたらいいと思います。

渡辺淳一　いや、ほんとは自由奔放《ほんぽう》に生きたかったけど、女子大生に手を出したら、大学でクビになるかもしれないと思って、抑圧《よくあつ》して、苦しみながら、あの、くだらん本を書いてたんじゃないかなあ、あの人なんかね。きっとそうだよ。

高間　（ため息）そんなことはないです。渡部昇一先生は、人間性を磨《みが》くためにコツコツと勉強されています。

渡辺淳一　（舌打ち）「わたなべ」違いで、こっちのほうに付けばよかったのよ。そうしたら、ベストセラーでね、君らも徹夜しなくてもいいのよ。ね？　楽に本を出して、パーッと二百五十万部売り上げたら楽に生きれる。

綾織　私《わたくし》たちは私たちで頑張りますので。

渡辺淳一　一冊出したらいい。月で一冊。

綾織　力を借りる必要は全然ありませんし、心配していただく必要もありません。

渡辺淳一　ふーん、そう。

結局、意見が対立したまま平行線で終わる

綾織　今日、出てきていただいたことについては感謝申し上げます。

渡辺淳一　まあ、君らに良心があれば、この「痴の虚人」っていうのは私のジョークだということが分かって、もうちょっと美しい言葉に書き換《か》えてもいいんだよ。

綾織　まあ、考えたいとは思います。

渡辺淳一　うーん、もう一つ、合意点《ごういてん》が出なかったなあ。まあ、仕方がないかあ。「あの世に還って〝悟り〟が上がった私」と「地上に生きてる君たち」との、これは差だな。仕方ないね。

綾織　そうですね。やはり差があります。ものすごく差があると思います。

高間　「信仰のある者」と「ない者」との差です。

渡辺淳一　うーん、「医学の知識のある者」と「患者《かんじゃ》」との差だな。やっぱりな。

高間　いや、「神の心を知っている者」と「無視した者」との差です。

渡辺淳一　「ＮＨＫをクビになった人間」と「マスコミに取り上げられる人間」との違いだな。

綾織　（高間は）クビになったわけではありません。

高間　「真実を求めている人間」との違いですので。

渡辺淳一　まあ、しょうがない。分かった分かった！　もう還る。

綾織・吉川　ありがとうございました。

大川隆法　（手を五回打つ）

9　渡辺淳一の霊言を終えて

大川隆法　（伊達眼鏡《だてめがね》を外《はず》す）

ということで、そんな簡単に成仏《じょうぶつ》しないでしょう。好きな時間だけ楽しんでいただくしかないですね。

ただ、影響力《えいきょうりょく》があるから、そのへんが、ちょっと……。

文学の世界は、残念ながら、善悪と関係がないようです。言論の自由は構わないのですが、やはり、「導く方向としては、一定のものが要《い》るかな」というところでしょうか。

彼の言っていることがすべて間違っているとは思いません。これは、いわゆる、目に見えない空気や世論《せろん》の力の問題でしょうからね。「宗教が強くなって、全部を取り締《し》まるような世界も、つらい」というのは、そうでしょう。そういうところもあるだろうとは思います。

ただ、逆に、彼には行きすぎている面もあるので、そのへんが問題ではあります。まあ、過去には、「罪を犯《おか》した」と称《しょう》して、すぐに火あぶりにするような宗教も、あったことはあったでしょうけれどもね。

しかし、亡くなられて十日余りで来ていただき、霊界の実証、あるいは霊言の証明のために出てくださったとしたら、一片《いっぺん》の協力の気持ちはおありなのでしょうから、もし、渡辺淳一さんの愛読者やウオッチャー（観察者）が、本書を通じて、何らかの導きの道に入れたら、幸いかと思います。

ありがとうございました（手を一回打つ）。

質問者一同　ありがとうございます。

あとがき

「医者」と「作家」という二つの名誉ある肩書きをお持ちになり、高名で死後も様々に追悼《ついとう》企画が出されている方である。高い知性と、人知れぬ努力も背景にはあったであろう。

「失楽園」が日経新聞に連載されて反響を呼んでいた一九九五年は、宗教界は「オウム真理教事件」のあおりを受けて、沈黙を余儀《よぎ》なくされた年でもあった。

私も五年間、年二回、東京ドームでやっていた大講演会を終わりにして、本山《ほんざん》づくりという、沈黙と忍耐の時代に移行していった。

あれから二十年近い歳月が流れた。宗教法人「幸福の科学」はまだ健在で、海外で百ヶ国以上に信者を持つに到った。学園事業や政治活動も活発にやっている。二千二百回を超す説法、内外千五百冊を超える著書を刊行して、ささやかながら、インド、ブラジル、アフリカにまで知られるようになった。茨《いばら》の道を切り拓《ひら》いていった気持ちだ。

渡辺淳一氏のご冥福《めいふく》を祈るとともに、そのファンにも本書をご一読下されればと願う次第である。

二〇一四年　五月十三日

幸福《こうふく》の科学《かがく》グループ創始者兼総裁《そうししゃけんそうさい》　大川隆法《おおかわりゅうほう》

『「失楽園」のその後』大川隆法著作関連書籍

『地獄の方程式』（幸福の科学出版刊）
『信仰告白の時代』（同右）
『エクソシスト入門』（同右）
『天才作家 三島由紀夫の描く死後の世界』（同右）
『「煩悩の闇」か、それとも「長寿社会の理想」か 瀬戸内寂聴を霊査する』（同右）
『フロイトの霊言』（同右）
『大江健三郎に「脱原発」の核心を問う』（同右）

「失楽園」のその後

―― 痴の虚人 渡辺淳一直伝 ――

2014年 5月 23日　初版第1刷

著　者　　大《おお》　川《かわ》　隆《りゅう》　法《ほう》

発行所　　幸福の科学出版株式会社

〒107-0052 東京都港区赤坂2丁目10番14号
TEL(03)5573-7700
http://www.irhpress.co.jp/

印刷・製本　株式会社 東京研文社

落丁・乱丁本はおとりかえいたします

ISBN978-4-86395-473-1 C0095

写真：時事、アフロ、Fujifotos／アフロ

大川隆法ベストセラーズ・幸福な世界へ還るために

地獄の方程式
こう考えたら
あなたも真夏の幽霊

どういう考え方を持っていると、死後、地獄に堕ちてしまうのか——その心の法則が明らかに。「知らなかった」では済まされない、霊的真実。

1,500円

エクソシスト入門
実録・悪魔との対話

悪魔を撃退するための心構えが説かれた、悪魔祓い入門書。宗教がなぜ必要なのか、明確な答えがここにある。

1,400円

信仰告白の時代
智慧と慈悲の新世紀を拓く

無宗教国家は生き残れない！　宗教と信仰の力が溢れる、積極的宗教論。正しい宗教は個人を変え、国家を繁栄させる。

1,748円

大川隆法ベストセラーズ・愛に悩む男女に贈る

恋愛学・恋愛失敗学入門

恋愛と勉強は両立できる？　なぜダメンズと別れられないのか？　理想の相手をつかまえるには？　幸せな恋愛・結婚をするためのヒント。

1,500円

比較宗教学から観た「幸福の科学」学・入門

性のタブーと結婚・出家制度

同性婚、代理出産、クローンなど、人類の新しい課題への答えとは？　未来志向の「正しさ」をもとめて、仏陀の真意を検証する。

1,500円

イエス・キリストに聞く「同性婚問題」

性と愛を巡って

時代の揺らぎか？　新しい愛のカタチか？　同性婚や同性愛は、果たして宗教的に認められるのか ？　天上界のイエスが語る、衝撃のメッセージ。

1,400円

※表示価格は本体価格（税別）です。

大川隆法 霊言シリーズ・唯物論・無神論を打ち砕く

フロイトの霊言
神なき精神分析学は
人の心を救えるのか

「精神分析の祖」として、現代医学に影響を与えているフロイトは死後、どのような世界にいるのか。神を信じない精神分析学の限界が見える。

1,400円

進化論
──150年後の真実
ダーウィン／ウォーレスの霊言

ダーウィンの「進化論」がもたらした功罪とは？　ウォーレスが唱えたもうひとつの「進化論」とは？　現代人を蝕む唯物論・無神論のルーツを解明。

1,400円

公開霊言
ニーチェよ、
神は本当に死んだのか？

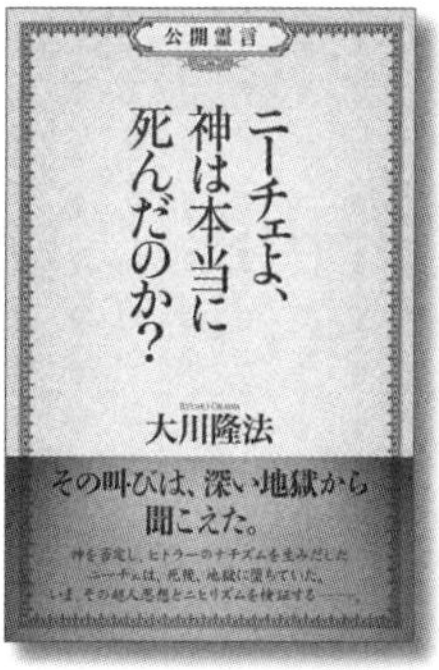

神を否定し、ヒトラーのナチズムを生み出したニーチェは、死後、地獄に堕ちていた。いま、ニーチェ哲学の超人思想とニヒリズムを徹底霊査する。

1,400円

幸福の科学出版

大川隆法 霊言シリーズ・人気作家の霊言

トルストイ
――人生に贈る言葉

トルストイに平和主義の真意を訊く。平和主義が共産主義に取り込まれたロシア(旧ソ連)の悲劇から、日本の反原発運動の危険性が明らかに。

1,400円

司馬遼太郎なら、
この国の未来を
どう見るか

現代日本に求められる人材とは。"維新の志士"は今、どう戦うべきか――。国民的作家・司馬遼太郎が日本人に檄を飛ばす!

1,300円

天才作家
三島由紀夫の描く
死後の世界

あの壮絶な死から40年――。自決の真相、死後の行き先。国家存亡の危機に瀕する現代日本に何を思うのか? ついに明かされる三島由紀夫の本心。

1,400円

芥川龍之介が語る
「文藝春秋」論評

菊池寛の友人で、数多くの名作を遺した芥川龍之介からのメッセージ。菊池寛の死後の様子や「文藝春秋」の実態が明かされる。

1,300円

※表示価格は本体価格(税別)です。

大川隆法 霊言シリーズ・人気作家の霊言

小説家・景山民夫が見た アナザーワールド

信仰の戦いに賭した直木賞作家・景山民夫による、詳細でリアルな死後レポート。信仰が霊界において持つ意味など、目から鱗の霊界見聞録。

1,400 円

スピリチュアル・メッセージ 曽野綾子という生き方

歴史認識問題と、朴槿惠大統領への痛快な大反論! 現代日本女性の「甘え」を一刀両断! 歯に衣着せぬ、曽野綾子節、全開。

1,400 円

山崎豊子 死後第一声

多くの愛読者へ贈る、記念すべきメッセージ! 社会悪の追究、運命に翻弄される人間、その先に待ち受けるものとは——。作品に込めた真意、幻の次回作構想、そして死後に赴く世界を語る。

1,400 円

村上春樹が売れる理由

深層意識の解剖

独自のマーケティング手法から、創作の秘密、今まで語られなかった人生観、宗教観、政治観まで。ベストセラー作家の深層意識を解剖する。

1,400 円

「煩悩の闇」か、それとも「長寿社会の理想」か 瀬戸内寂聴を霊査する

九十代でなお「愛欲小説」を書き続け、「脱原発運動」にも熱心な瀬戸内寂聴氏。その恋愛観、人生観、国家観を、守護霊が明かす。

1,400 円

地獄の条件 ――松本清張・霊界の深層海流

社会悪を追及していた作家が、なぜ地獄に堕ちたのか? 戦後日本のマスコミを蝕む地獄思想の源流の一つが明らかになる。

1,400 円

「文春」に未来はあるのか

創業者・菊池寛の霊言

正体見たり! 文藝春秋。偏見と妄想に満ちた週刊誌ジャーナリズムによる偽造記事の実態と、それを背後から操る財務省の目論見を暴く。

1,400 円

大江健三郎に「脱原発」の核心を問う

守護霊インタビュー

左翼思想と自虐史観に染まった自称「平和運動家」の矛盾が浮かび上がる! 大江氏の反日主義の思想の実態が明らかになる。

1,400 円

※表示価格は本体価格(税別)です。

大川隆法ベストセラーズ・**最新刊**

経営の創造

新規事業を立ち上げるための要諦

才能の見極め方、新しい「事業の種」の探し方、圧倒的な差別化を図る方法など、深い人間学と実績に裏打ちされた「経営成功学」の具体論が語られる。

2,000円

法哲学入門

法の根源にあるもの

ヘーゲルの偉大さ、カントの功罪、そしてマルクスの問題点──。ソクラテスからアーレントまでを検証し、法哲学のあるべき姿を探究する。

1,500円

ダークサイド・ムーンの遠隔透視

月の裏側に隠された秘密に迫る

豪華装丁版

地球からは見えない「月の裏側」には何が存在するのか？　アポロ計画中止の理由や、2013年のロシアの隕石落下事件の真相など、驚愕の真実が明らかに！

10,000円

「宇宙人によるアブダクション」と「金縛り現象」は本当に同じか

超常現象を否定するNHKへの"ご進講"

「アブダクション」や「金縛り」は現実にある！「タイムスリップ・リーディング」によって明らかになった、7人の超常体験の真相。

1,500円

幸福の科学グループのご案内

宗教、教育、政治、出版などの活動を通じて、地球的ユートピアの実現を目指しています。

宗教法人　幸福の科学

一九八六年に立宗。一九九一年に宗教法人格を取得。信仰の対象は、地球系霊団の最高大霊、主エル・カンターレ。世界百カ国以上の国々に信者を持ち、全人類救済という尊い使命のもと、信者は、「愛」と「悟り」と「ユートピア建設」の教えの実践、伝道に励んでいます。

（二〇一四年五月現在）

愛

幸福の科学の「愛」とは、与える愛です。これは、仏教の慈悲《じひ》や布施《ふせ》の精神と同じことです。信者は、仏法真理をお伝えすることを通して、多くの方に幸福な人生を送っていただくための活動に励んでいます。

悟り

「悟り」とは、自らが仏の子であることを知るということです。教学《きょうがく》や精神統一によって心を磨き、智慧《ちえ》を得て悩みを解決すると共に、天使・菩薩《ぼさつ》の境地を目指し、より多くの人を救える力を身につけていきます。

ユートピア建設

私たち人間は、地上に理想世界を建設するという尊い使命を持って生まれてきています。社会の悪を押しとどめ、善を推し進めるために、信者はさまざまな活動に積極的に参加しています。

国内外の世界で貧困や災害、心の病で苦しんでいる人々に対しては、現地メンバーや支援団体と連携して、物心両面にわたり、あらゆる手段で手を差し伸べています。

年間約３万人の自殺者を減らすため、全国各地で街頭キャンペーンを展開しています。

公式サイト **www.withyou-hs.net**

ヘレン・ケラーを理想として活動する、ハンディキャップを持つ方とボランティアの会です。視聴覚障害者、肢体不自由な方々に仏法真理を学んでいただくための、さまざまなサポートをしています。

公式サイト **www.helen-hs.net**

INFORMATION

お近くの精舎・支部・拠点など、お問い合わせは、こちらまで！

幸福の科学サービスセンター

TEL. 03-5793-1727（受付時間 火〜金：10〜20時／土・日：10〜18時）

宗教法人 幸福の科学 公式サイト happy-science.jp

教育

学校法人 幸福の科学学園

学校法人 幸福の科学学園は、幸福の科学の教育理念のもとにつくられた教育機関です。人間にとって最も大切な宗教教育の導入を通じて精神性を高めながら、ユートピア建設に貢献する人材輩出を目指しています。

幸福の科学学園

中学校・高等学校(那須本校)
2010年4月開校・栃木県那須郡(男女共学・全寮制)
TEL **0287-75-7777**
公式サイト **happy-science.ac.jp**

関西中学校・高等学校(関西校)
2013年4月開校・滋賀県大津市(男女共学・寮及び通学)
TEL **077-573-7774**
公式サイト **kansai.happy-science.ac.jp**

幸福の科学大学(仮称・設置認可申請中)
2015年開学予定
TEL **03-6277-7248**(幸福の科学 大学準備室)
公式サイト **university.happy-science.jp**

仏法真理塾「サクセスNo.1」 TEL **03-5750-0747**(東京本校)
小・中・高校生が、信仰教育を基礎にしながら、「勉強も『心の修行』」と考えて学んでいます。

不登校児支援スクール「ネバー・マインド」 TEL **03-5750-1741**
心の面からのアプローチを重視して、不登校の子供たちを支援しています。
また、障害児支援の**「ユー・アー・エンゼル!」**運動も行っています。

エンゼルプランV TEL **03-5750-0757**
幼少時からの心の教育を大切にして、信仰をベースにした幼児教育を行っています。

シニア・プラン21 TEL **03-6384-0778**
希望に満ちた生涯現役人生のために、年齢を問わず、多くの方が学んでいます。

NPO 活動支援

学校からのいじめ追放を目指し、さまざまな社会提言をしています。また、各地でのシンポジウムや学校への啓発ポスター掲示等に取り組むNPO「いじめから子供を守ろう!ネットワーク」を支援しています。

ブログ **mamoro.blog86.fc2.com**
公式サイト **mamoro.org**
相談窓口 **TEL.03-5719-2170**

政治

幸福実現党

内《ない》憂《ゆう》外《がい》患《かん》の国難に立ち向かうべく、二〇〇九年五月に幸福実現党を立党しました。創立者である大川隆法党総裁の精神的指導のもと、宗教だけでは解決できない問題に取り組み、幸福を具体化するための力になっています。

党員の機関紙
「幸福実現NEWS」

TEL 03-6441-0754
公式サイト hr-party.jp

出版メディア事業

幸福の科学出版

大川隆法総裁の仏法真理の書を中心に、ビジネス、自己啓発、小説など、さまざまなジャンルの書籍・雑誌を出版しています。他にも、映画事業、文学・学術発展のための振興事業、テレビ・ラジオ番組の提供など、幸福の科学文化を広げる事業を行っています。

アー・ユー・ハッピー？
are-you-happy.com

ザ・リバティ
the-liberty.com

幸福の科学出版
TEL 03-5573-7700
公式サイト irhpress.co.jp

THE FACT
ザ・ファクト
マスコミが報道しない「事実」を世界に伝えるネット・オピニオン番組

Youtubeにて
随時好評配信中！

ザ・ファクト 検索

入会のご案内

あなたも、幸福の科学に集い、
ほんとうの幸福を
見つけてみませんか？

幸福の科学では、大川隆法総裁が説く仏法真理をもとに、
「どうすれば幸福になれるのか、また、
他の人を幸福にできるのか」を学び、実践しています。

入会

大川隆法総裁の教えを信じ、学ぼうとする方なら、どなたでも入会できます。入会された方には、『入会版「正心法語」』が授与されます。（入会の奉納は1,000円目安です）

ネットでも**入会**できます。詳しくは、下記URLへ。
happy-science.jp/joinus

三帰《さんき》誓願《せいがん》

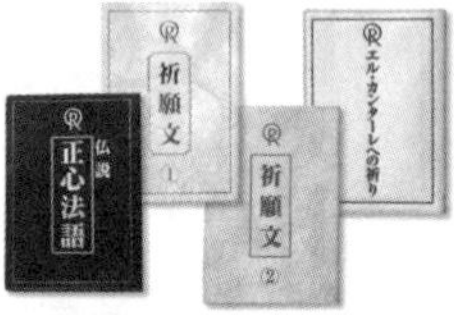

仏弟子としてさらに信仰を深めたい方は、仏・法・僧の三宝への帰依を誓う「三帰誓願式」を受けることができます。三帰誓願者には、『仏説・正心法語』『祈願文①』『祈願文②』『エル・カンターレへの祈り』が授与されます。

植福《しょくふく》の会

植福は、ユートピア建設のために、自分の富を差し出す尊い布施の行為です。布施の機会として、毎月1口1,000円からお申込みいただける、「植福の会」がございます。

「植福の会」に参加された方のうちご希望の方には、幸福の科学の小冊子（毎月1回）をお送りいたします。詳しくは、下記の電話番号までお問い合わせください。

月刊「幸福の科学」

ザ・伝道

ヤング・ブッダ

ヘルメス・エンゼルズ

INFORMATION
幸福の科学サービスセンター
TEL. 03-5793-1727（受付時間 火～金：10～20時／土・日：10～18時）
宗教法人 幸福の科学 公式サイト **happy-science.jp**